# TRUCOS PARA EL AHORRO

# TRUCOS PARA EL AHORRO

Pedro Palao Pons y Óscar Vallet

Copyright © EDIMAT LIBROS, S. A.
C/ Primavera, 35
Polígono Industrial El Malvar
28500 Arganda del Rey
MADRID-ESPAÑA


ISBN: 84-9764-524-3
Depósito legal: M-1075-2005


**Colección:** Trucos
**Título:** Trucos para el ahorro
**Autor:** Pedro Palao Pons y Óscar Vallet
**Coordinación de la obra:** Servicios Integrales de Comunicación
Olga Roig
**Asesores:** Luisa Cantarín, Lucía Domingo, Elisenda Gracia,
Ana Ibáñez, Maribel Lopera, Dionisio Trillo
**Redacción y documentación:** Patricia Bell, Adriana Magali,
Lydia Shammy, Eva Shongart, Yosano Sim
**Corrección:** F.M. Letras
**Concepción gráfica:** CKR Diseño

**Diseño de cubierta:** Alexandre Lourdel
**Impreso en:** COFÁS

IMPRESO EN ESPAÑA – *PRINTED IN SPAIN*

# ÍNDICE

# INTRODUCCIÓN

Ahorrar. Invertir. Son dos conceptos que parecen contrapuestos y que, sin embargo, forman parte de la misma naturaleza. ¿Es posible gastar el dinero de una forma adecuada, o lo que denominamos adecuado es caro? ¿Podemos tener la seguridad de que el dinero no se nos escapará de las manos por mucho que nos programemos cómo y cuándo gastarlo? ¿Sabemos ahorrar de verdad o sólo sabemos demorar el tiempo de gastar?

Las citadas y muchas otras son preguntas que seguro más de una persona se ha hecho a lo largo de su vida y muy especialmente en aquellas épocas denominadas popularmente de «vacas flacas». Tenemos una mala costumbre y es que la mayoría de las personas no se preocupan del dinero cuando lo tienen y sólo reparan en su necesidad y utilidad cuando parece que escasea o empieza a flojear. La clave de todo no está sólo en saber ahorrar, sino en saber gastar. Y, cuidado, ya que, aunque pueda parecer una paradoja, una cosa es no gastar dinero y otra bien distinta es ahorrar adecuadamente.

De una forma general, todos en mayor o menor medida sabemos con qué vamos a contar a final de mes. Todo el mundo, salvo aquellas personas que trabajan por cuenta propia o mediante los contratos denominados de obra y servicio, esos que en cualquier momento pueden finalizar, sabe más o menos con qué dinero cuenta para pasar el mes o la semana. Todos sabemos qué fechas del año tendremos más gastos. Recordemos esas etapas de fiestas y celebraciones, de santos y aniversarios en los que el bolsillo debe adaptarse a salidas de dinero extraordinarias. Todo ello por no hablar de las festividades navideñas, donde Papá Noel y los Reyes Magos son la excusa perfecta para «tirar la casa por la ventana».

Las fechas en las que el bolsillo entra en crisis no terminan con las mencionadas; recordemos por ejemplo qué pasa cuando volvemos de unas vacaciones en las que, como casi siempre, habremos gastado más de la cuenta o lo que sucede cuando debemos enfrentarnos a un nuevo curso escolar, con la consiguiente compra de material escolar.

Pero volviendo a lo mencionado, si sabemos más o menos con qué contamos y sabemos también las fechas en las que debemos hacer frente a gastos adicionales, no tenemos excusa para no programarnos el ahorro o para disponer de un dinero adicional cuando lleguen esos días aciagos.

Es evidente que más de un lector pensará que no todo el mundo gana el mismo dinero, que en función de la zona o ciudad en la que vivamos la vida será más o menos cara y que cada uno deberá afrontar una serie de obligaciones. Desde luego que sí, pero una de las claves del ahorro, al margen de no gastar de forma inútil, está en saber dejar de lado lo que hacen los demás y centrarnos en un plan personalizado de ingresos y gastos.

Utilizar como excusa que el vecino o un amigo gana más dinero o que siempre tiene la suerte de comprar más barato o que se programa mejor sus inversiones tiene poco sentido.

Es evidente que hay personas para todo y entre ellas las hay que en lugar de tomar cartas en el asunto de sus finanzas prefieren vivir observando qué hacen los demás, ya sea para criticarlos o para compararse con ellos de forma negativa. Desde luego ésta es una mala forma de ahorrar y de lograr encauzar de manera adecuada nuestro dinero.

Insistimos en el concepto personalización. Como comprenderá el lector, ésta es una obra de carácter general, ya que resulta imposible generar un plan de gastos e inversiones para cada tipo de persona. De todas formas, merece la pena destacar que todos los consejos y trucos que se aportan en las páginas siguientes pueden servir como base de trabajo para cualquier persona con independencia de cuál sea su nivel adquisitivo y económico. De hecho cada uno de los apartados de este libro ha sido efectuado de manera que el lector que lo desee pueda aplicar a su vida económica aquellas ideas de cada apartado que más se ajusten a su realidad. Lo ideal es que se marque un programa de trabajo, ya que, como veremos, la organización es una de las partes vitales para ahorrar.

Éste es un libro sobre trucos para ahorrar y muchas personas se ponen enfermas sólo de pensar que ello implicará que no podrán seguir gastando dinero en aquello que les interesa. Habrá quien piense que lo que pretendemos es fomentar el ahorro bancario y quien crea que ahorrar es, simple y llanamente, controlar más el gasto. Efectivamente, todas ellas tendrán razón, aunque sólo en parte. El ahorro no sólo es lo mencionado, implica muchísimas cosas más. El ahorro muchas veces también pasa por gastar menos y por utilizar menos tiempo en ello, por hacer las cosas programadas y por ser conscientes de lo que estamos comprando. Veamos algunos ejemplos que ilustrarán a la perfección lo que indicamos.

Supongamos que estamos en casa y deseamos hablar por teléfono. Para desgracia de todos, el teléfono se ha convertido en una herramienta indispensable que utilizamos cada vez más. Muchas veces tenemos la mala costumbre de llamar por teléfono sin preparar la llamada, esto es, utilizando tiempo de conversación que a nada conduce y que en cambio nuestro bolsillo sí notará. Otro tanto sucede cuando, al llamar a un amigo, éste no está disponible en su teléfono fijo y optamos por derivar la llamada, que por cierto no es urgente, a su número de móvil. Con este simple acto estamos pagando mucho más. La cosa se sigue complicando cuando no caemos en la cuenta de que estamos hablando con un móvil y nos «enrollamos» más de lo que sería deseable. Otro tanto sucede cuando al llamar a una persona nos aparece su contestador automático y colgamos sin dejar ningún tipo de mensaje.

Debemos ser conscientes y concienciar especialmente a nuestros hijos de que la aparición del contestador al otro lado implica ya un gasto y que éste será prácticamente el mismo tanto si dejamos mensaje como si no.

Veamos otro ejemplo muy cotidiano: encender todas las luces de la casa y poner en marcha el televisor para no mirarlo. Es lógico que en este caso el gasto de dinero no es muy cuantitativo. No lo es un día pero sí al cabo del mes o del año. Debemos acostumbrarnos a encender sólo las luces que necesitamos y en este caso, al margen de emplear bombillas de bajo consumo, apagarlas nada más salir de una estancia. Por supuesto, el televisor sólo se pondrá en marcha para cumplir su misión: que sea visto por alguien.

Ejemplos como los anteriores hay muchos y todos ellos dependen, en la mayoría de los casos, de una cuestión educativa. Debemos «reeducarnos» en lo que al consumo se refiere.

No dejar el grifo del agua abierto mientras nos cepillamos los dientes, utilizar programas adecuados en lavadoras y lavavajillas, apagar los electrodomésticos con el interruptor de conexión en lugar de con el mando a distancia, etc., son pequeñas cosas que a final de mes nos ayudarán a ahorrar dinero.

Otro tanto sucede con la organización de nuestra vida. Si en nuestra ciudad disponemos de bonos de transporte, debemos ser previsores y estar organizados para saber cuándo debemos comprar uno, de esta forma evitaremos llegar a tener que pagar un billete sencillo, siempre más caro que un bono, por culpa de no haberlo pensado con anticipación. En el peor de los casos, aunque no todo el mundo se lo puede permitir, y por lo que al transporte público se refiere, estarán los taxis. Un taxi no es el método más barato de trasladarnos y debemos utilizarlo cuando no haya otros sistemas alternativos. Si por culpa de nuestra desorganización resulta que llegamos tarde a una cita o evento y debemos tomar un taxi, en realidad estamos perdiendo dinero. Hay personas que tienen la mala costumbre de llegar tarde a casi todas partes y, de entre ellas, las que se lo pueden permitir emplean su dinero en taxi. Esto no es un problema, lo malo es que días más tarde acabarán quejándose de que no disponen de dinero suficiente para otras cosas.

Veamos un último ejemplo de los muchos que encontraremos a lo largo de las páginas de este libro: las compras desorganizadas. Insistimos en el valor de la organización, ya que nos puede hacer ahorrar mucho dinero. No hay nada peor que salir a comprar a última hora, con prisas y sin saber qué queremos. Si lo hacemos así, acabaremos cargando un montón de cosas inútiles en el supermercado, comprando regalos más caros en las tiendas porque no tendremos tiempo de comparar los precios y, en el peor de los casos, adquiriendo cosas inútiles o de las que luego no sabremos disfrutar. Cosas que habremos comprado por culpa de seguir una moda, una tendencia o una corriente de prisas que a nada nos llevan.

Como verá el lector, éste no pretende ser sólo un libro de claves y consejos para el ahorro, sino también un libro de organización y previsión que además de ideas para ahorrar le aportará sugerencias sobre cómo gastar menos o cómo hacerlo de forma productiva. Para todo ello hemos organizado la obra por bloques temáticos que van desde el ahorro y el consumo en el hogar, pasando por los gastos de ocio, los derivados de la familia y los niños, hasta lo que podemos llevar a cabo para llenar la cesta de la compra.

Por último, recordemos esta máxima: no es más feliz quien tiene más dinero, sino quien lo usa más acertadamente.

# 01

## ASUMIR LA ACTITUD DE AHORRAR

Para muchas personas lograr llevar a cabo el propósito de modificar algunos de sus hábitos de consumo para ahorrar dinero no es fácil, especialmente cuando lo que falta es voluntad y desde luego objetivos claros. Seguidamente vamos a ver una serie de puntos que deberían ser el ABC de nuestra forma de actuar si es que realmente buscamos ahorrar dinero.

### POTENCIAR LA MOTIVACIÓN

Para emprender la tarea de buscar el ahorro en todas nuestras compras, es imprescindible estar plenamente convencidos y mentalizados de que la búsqueda de este objetivo no será un camino de rosas. La mejor herramienta es la mentalización, respaldada por nuestros argumentos.

▶ Debemos crear metas y argumentos que nos ayudarán a estar más motivados para ahorrar.

▶ Procuraremos pensar en qué vamos a lograr gracias a un cambio de actitudes o de formas de proceder en el consumo.

▸ Cambiar de la noche al día es difícil. Nadie altera su forma de procedimiento de golpe, todo requiere una serie de pasos sosegados pero firmes que nos hagan entender que debemos ahorrar y que ello es bueno para nosotros.

## LA NECESIDAD DE ESFORZARSE

Ahorrar supone, en ocasiones, prescindir de la comodidad como hábito de compra. Hay que tenerlo muy claro y renunciar a comprar aquello que se nos presenta primero, aunque lo podamos pagar. Nuestro radio de acción en la búsqueda de pagar menos sin resignar calidad es muy amplio.

▸ Tenemos que asumir que el ahorro implicará invertir tiempo para buscar aquellos productos que son más baratos. Significará tener que hacer colas y renunciar en más una ocasión a lo que habíamos estado haciendo hasta la fecha.

▸ Ahorrar implicará esforzarnos en estar informados, ya sea para verificar las ofertas, para saber con anticipación los gastos que nos podemos permitir, para conocer realmente qué necesitamos y qué podemos comprar más adelante.

## EL PODER DE ALENTARNOS

Sin lugar a dudas lo mejor para fomentar el ahorro es encontrar un aliciente, ya que éste es un modo útil para que veamos materializado nuestro esfuerzo.

▸ Una vez hayamos puesto en práctica las estrategias de ahorro debemos tomar conciencia de que estamos llegando a final de mes sin tantos problemas.

▸ Debemos esforzarnos por darnos cuenta de que quizá unas vacaciones han sido sufragadas con el dinero ahorrado.

▸ Tenemos que valorar que ciertas cosas, incluso algunos caprichos, están saliendo del dinero que antes malgastábamos.

## EFECTUAR CÁLCULOS A LARGO PLAZO

Las cosas con una cierta distancia suelen apreciarse mucho mejor que a primera vista. En el tema del ahorro sucede prácticamente lo mismo.

Posiblemente pueda parecer una banalidad ahorrar un poco de dinero en la compra diaria. Sin embargo, si calculamos a cuánto ascenderá la suma de dinero ahorrado al cabo del año nos llevaremos una grata sorpresa que servirá a modo de inyección de moral para continuar buscando los productos a mejor precio.

▸ Sería aconsejable que cada semana o cada mes anotásemos el dinero que estamos ahorrando, ello significará un incentivo y una motivación para seguir haciéndolo.

## APRENDER A CONSUMIR CORRECTAMENTE

La campaña hacia el ahorro puede servir para eliminar algunos hábitos consumistas. Podemos empezar por desprendernos de prejuicios en torno a las marcas de moda y olvidarnos de los distintivos externos que muestran a los demás nuestro poder adquisitivo. Desprogramar nuestra mente de lo que nos inculca sistemáticamente la publicidad y una política comercial que muchas veces es agresiva nos mostrará que, una vez más, las apariencias engañan.

▸ Debemos darnos cuenta de que gracias a nuestro cambio de actitudes en el consumo estamos siendo personas diferentes, con personalidad propia, capaces de tomar nuestras propias direcciones más allá de lo que dictan, periódicamente, las campañas de moda o consumo.

## DEJAR A UN LADO LA SOLEDAD

Compartir con los demás lo que estamos haciendo siempre será una forma de alcanzar más motivación y de dar más fuerza a nuestros empeños y actitudes de ahorro. Seguro que no estamos solos buscando un producto a buen precio. Alguna persona cercana también lo está haciendo y comentará, en un momento determinado, las virtudes de tal producto o establecimiento.

▸ Prestar atención a los consejos de ahorro de los demás y, si cabe, aprovechar su experiencia nos será de gran utilidad.

▸ Por supuesto, debemos compartir con los demás nuestras ideas de ahorro y asesorarles siempre que sea posible, ello nos permitirá no sentirnos como seres extraños a una realidad social.

## FORMAR Y EDUCAR

Es muy importante conseguir que nuestra familia sea partícipe de la voluntad de ahorrar e implicarlos en el empeño, explicando los motivos que nos conducen a comprar de un determinado modo y la previsión de resultados que esperamos.

Para aunar esfuerzos, las personas queridas son el mejor compañero de viaje, porque nos darán comprensión, esfuerzo, austeridad... En definitiva: complicidad.

▸ Alentaremos a nuestros hijos sobre la necesidad del ahorro. Ello no sólo redundará en nuestro presente económico sino también en su futuro.

‣ Educar en el ahorro hará que nuestros hijos valoren más lo que tienen y que puedan disfrutar mucho mejor de las pequeñas cosas que les da la vida.

‣ La educación sobre el consumo y el ahorro facilita que los más pequeños de la casa se den cuenta del valor y el esfuerzo que significa alcanzar una calidad de vida determinada.

## ESTAR BIEN DOCUMENTADOS

La información es poder y ver por escrito los números de nuestros gastos; al margen de ser un revulsivo contra el gasto innecesario, puede ser un buen aliciente para seguir ahorrando. Si somos de aquellas personas que archivan facturas, recibos y extractos bancarios de años anteriores, convendrá revisarlos a menudo. Ellos serán el mejor indicador de nuestro ahorro presente y, además, actuarán como un motor de motivación de valor incalculable.

‣ Debemos aprovechar para seguir de cerca las facturas pagadas en los periodos de ahorro. Ver los resultados y saber qué estamos ahorrando nos ayudará a programar otras campañas y servirá de motivación.

## GUARDAR LO AHORRADO

Una buena opción para fomentar el ahorro consiste en apartar el dinero que ahorramos semanal o mensualmente e ingresarlo en una cuenta bancaria. Con mayor o menor ritmo el importe crecerá y podremos materializar nuestras ilusiones.

‣ Tenemos que crear el firme propósito de que lo ahorrado deberá ser utilizado para un fin concreto y programado y no para ser derrochado alegremente con actividades extraordinarias que a nada nos conducirán.

## USAR NUESTROS DERECHOS

El ahorrador es una persona como otra cualquiera, ni mejor ni peor, simplemente es previsora. No es alguien extraño, sino que es alguien que vive en una sociedad de consumo a la que debe exigirle que le trate como un igual.

▸ Exigiremos siempre que se cumplan garantías de calidad en lo que compramos.

▸ Verificaremos qué derecho hemos adquirido al realizar cualquier tipo de compra.

▸ Nos informaremos sobre organismos que arbitren sobre consumo o que protejan nuestros derechos.

▸ Guardaremos siempre todas las facturas, recibos o documentos necesarios para justificar una compra y no perder así nuestros derechos como consumidores.

# 02

## AHORRANDO EN CASA

El hogar es uno de los lugares que más gasto implica, al menos en el día a día. Tendremos tiempo de ocuparnos oportunamente de todo lo que se refiere a los gastos que supondrá efectuar reformas en la casa e incluso a lo que supone algo tan simple como comprar un electrodoméstico. Por el momento, en este capítulo vamos a centrarnos en algunas claves para ahorrar en lo indispensable sin por ello prescindir de nada, al menos por lo que se refiere a los suministros de la casa, es decir, agua, gas, electricidad y teléfono. Recordemos que éstos serán siempre gastos fijos, por lo que un buen control de los mismos redundará en un ahorro seguro cada mes.

### APRENDIENDO A UTILIZAR LA LUZ

La iluminación de nuestra casa supone algo más de una cuarta parte de su consumo eléctrico. Por ello, merece la pena prestar un poco de atención a la cantidad de kilovatios que destinamos a ello, ya que reducir el importe de esta factura de la compañía que nos suministra electricidad es posible. Y para conseguirlo no vamos a tener que llevar a cabo grandes cosas ni acabar dejando iluminada la vivienda a la luz de las velas que, por cierto, baratas no son. Veamos cómo proceder:

▶ Con sólo sustituir las bombillas convencionales por otras de bajo consumo nuestro bolsillo lo agradecerá al llegar el primer recibo. Cabe decir que estas bombillas son algo más caras que las normales, pero en su favor es importante dejar constancia que consumen un 80 por ciento menos que las otras, proporcionando la misma luz y, además, duran ocho veces más.

▶ Si usamos bombillas de bajo consumo debemos considerar que tardan un poco en alcanzar su cúspide de potencia y que gastan más si se encienden y apagan de forma reiterada.

▶ Según el Instituto para la Diversificación y el Ahorro de Energía, la sustitución de una lámpara incandescente por otra de bajo consumo supone, al cabo de su vida útil, un ahorro de más de 60 euros.

### CONVIENE SABER QUE...

Sustituir las bombillas convencionales en un piso de cuatro habitaciones por otras bombillas de bajo consumo supone dejar de consumir unos 2.500 kilovatios al año.

## EVITAR GASTOS EXAGERADOS

No por tener bombillas de bajo consumo debemos hacer que ello repercuta negativamente en el presupuesto del hogar. Dado que el precio de estas bombillas es algo superior al de las incandescentes, si no podemos sustituir, de golpe, todas las del hogar, podemos empezar por hacerlo progresivamente, cambiando antes aquellas que están encendidas durante más de tres horas al día.

▸ Es muy importante acordarnos de limpiar las bombillas de forma periódica, dado que el polvo que se deposita sobre ellas reduce su rendimiento de forma notable.

▸ La mayoría de las marcas de bombillas incandescentes también ofrece la modalidad de bajo consumo. Es importante estar atentos a las ofertas, aunque las más económicas suelen ser las que se venden, sin marca reconocida, en grandes superficies.

## LA OPCIÓN NOCTURNA

De forma general, el mayor consumo de electricidad se produce durante el día. Y cuando llega la noche las centrales eléctricas ven cómo se reduce considerablemente la demanda. Por este motivo, muchas empresas suministradoras de electricidad ofrecen un servicio que consiste en tarifas nocturnas sensiblemente más baratas que las diurnas.

En estos casos conviene tener en cuenta estos parámetros:

▸ Al contratar un servicio nocturno las tarifas diurnas suelen incrementarse, por lo que debemos llevar más cuidado con el tipo de consumo que efectuamos.

▸ Debemos adaptarnos a la noche por lo que a consumo se refiere y para ello debemos ver si somos o no capaces de efectuar aquellas tareas que consumen más electricidad, como accionar lavadoras, lavavajillas o cocina con horno eléctrico por la noche. En caso contrario, debemos desestimar la opción.

▸ Muchas personas que deciden contratar la tarifa nocturna realizan una pequeña inversión en la compra de acumuladores, unos aparatos que durante la noche almacenan electricidad que se consume posteriormente, de día.

## CALEFACCIONES: CALIENTE, PERO NO A CUALQUIER PRECIO

La calefacción es capaz de convertir nuestro hogar en un lugar templado y confortable; el problema está en que si no sabemos consumir este suministro de forma adecuada su factura podría llegar a dejarnos helados. No basta con tener calefacción, además hay que usarla de forma adecuada. Veamos cómo.

Con el descenso acusado de las temperaturas, la mayoría de hogares que disponen de ella ponen en marcha la calefacción, lo que supone un notable incremento del importe del consumo, ya sea electricidad, butano, gas natural, fuel o propano. Aunque pueda parecer todo lo contrario, podemos tener un hogar perfectamente caldeado sin por ello correr riesgos en el pago de las facturas. Veamos cómo:

▸ No debemos pasarnos a la hora de caldear una estancia ni mucho menos toda la casa. Tener calefacción en el hogar —y ello es aplicable a las estufas— no implica que andemos en manga corta. Debemos estar vestidos con normalidad, pero siempre con prendas que se ajusten a los rigores o naturalezas de la estación.

▸ En climas medios, la temperatura perfecta para el hogar es de 20 grados. A partir de ésta, cada grado de más supone aumentar un 5 por ciento el consumo inútilmente.

▸ Por la noche, al acostarnos, debemos reducir la temperatura de la calefacción, ya que serán las mantas, edredones o fundas nórdicas las que se encargarán de darnos el confort adecuado en el lecho.

## LAS VENTAJAS DE UN TEMPORIZADOR

Por muy poco dinero podremos comprar un temporizador general para que nos regule y programe no sólo la temperatura de la casa, sino también el uso que hacemos de la calefacción. Los temporizadores tienen la ventaja de que nos permiten programarlos para que la calefacción se conecte, por ejemplo, una hora antes de levantarnos y para que se apague media hora antes de irnos de casa. Resultan ideales porque podemos regular la puesta en marcha de la calefacción ajustándola a nuestra vida cotidiana. Esto supondrá no sólo un gran ahorro de energía sino también un mayor confort.

Recordemos que no debemos permitir que la casa se enfríe más de la cuenta y que siempre es mejor lograr una temperatura ambiente homogénea que buscar altas temperaturas partiendo de bajas. De poco servirá un temporizador si apagamos la calefacción al irnos de la casa y no volvemos a encenderla hasta llegar a ella diez horas después. El esfuerzo que deberá efectuar la calefacción y el consumo será desmesurado. Por ello, aunque no estemos en la casa, debemos programar el temporizador para que se vaya encendiendo y apagando de forma alternativa durante el día y la noche.

## EFECTIVAS MEDIDAS CONTRA EL FRÍO

Si no queremos gastar más dinero del necesario y pretendemos ahorrar en el consumo de la calefacción, deberemos tener en cuenta unas medidas de aplicación inmediata en el hogar:

▸ Tanto puertas como ventanas son lugares que deben estar perfectamente cerrados, puesto que de lo contrario gastaremos más calefacción. Debemos verificar que las juntas de puertas y ventanas cierran perfectamente.

▸ Contratar los servicios de un carpintero para que nos ajuste las ventanas y puertas nos costará dinero, pero lograr que todo cierre perfectamente puede suponer un ahorro anual de hasta un 10 por ciento de la energía.

▸ Cuando tengamos la calefacción en marcha, las habitaciones deben quedar como compartimientos estancos. La mejor forma de evitar que la puerta de una estancia quede abierta por olvido es comprar cierres automáticos con muelle, que se encargarán de que las puertas se cierren solas.

▸ Si nuestra economía lo permite, debemos intentar instalar ventanas con doble cristal. Con ellas podemos conseguir que se pierda hasta un 40 por ciento del calor generado en la estancia y nos ahorraremos hasta un 15 por ciento del coste de la factura en suministros.

▸ En el caso de que no podamos instalar todas las ventanas de la casa con doble vidrio, comenzaremos el cambio por las del salón y comedor, ya que son dos de las estancias en las que pasaremos más tiempo. Seguidamente, procederemos con los cristales de las habitaciones y por último las de los baños.

## REORGANIZAR LA CASA PARA EL FRÍO

A veces las medidas más sencillas son las más efectivas. Sólo es preciso emprender una serie de acciones para lograr que la casa esté perfectamente caliente. Si no tenemos calefacción y debemos instalarla, procuraremos que los radiadores estén lo

## MEDIDAS ALTERNATIVAS: LA ENERGÍA SOLAR

Cada vez existe más inquietud acerca de la energía solar. Ciertamente, se trata de un sistema de generación de energía con muy poca implantación en el ámbito doméstico. Ello ocurre debido a que este tipo de instalaciones requiere espacio, es una inversión que sólo se amortiza a largo plazo y los paneles, por sí solos, no pueden fabricar la cantidad de electricidad que consumimos habitualmente. Por todo ello, hoy por hoy, más que una energía alternativa es una energía complementaria.

### Sus ventajas

• Es gratuita, puesto que sólo requiere una inversión inicial para adquirir las placas y el equipo. Es limpia, segura e inagotable.

• Determinadas administraciones públicas ofrecen subvenciones por su instalación.

• Es una óptima solución para dotar de electricidad a poblaciones aisladas que tienen dificultades con la electrificación rural.

### Sus desventajas

• Se necesitan aproximadamente unos cinco años para amortizar el coste de la instalación.

• Cuando hace mal tiempo disminuye su rendimiento. Sobre todo en invierno, cuando la demanda es mayor.

• Trabaja con una tecnología aún en fase de desarrollo, poco competitiva con las opciones tradicionales, porque los paneles apenas aprovechan un 15 por ciento de la energía que reciben del sol.

más cerca posible de las ventanas, siendo el mejor lugar bajo ellas. Este consejo es aplicable a la situación de radiadores o estufas. Otro aspecto que conviene tener presente es que debemos apagar siempre los radiadores de las habitaciones que no están habitadas y que nunca, bajo ningún concepto, debemos intentar caldear una casa manteniendo el centro de calor en una sala y dejando las puertas de las otras abiertas. Es cierto que llegará algo de calor pero más de la mitad se perderá por el camino. Éstas son otras medidas interesantes:

▸ A la hora de airear una habitación debemos tener presente que con diez minutos al día es más que suficiente. Pasado este tiempo la ventana de la estancia no deberá abrirse hasta el día siguiente.

▸ La hora de airear o renovar el aire de la casa es por la mañana, poco antes de salir del domicilio, de forma que cuando nos vayamos de él la ventana ya esté cerrada.

▸ Las persianas son grandes aliadas contra el frío, procuraremos bajarlas siempre por la noche y subirlas por la mañana, para permitir que los rayos del sol nos ayuden a calentar la casa.

## LA CALEFACCIÓN MÁS BARATA

No todos los métodos para lograr el calor en el hogar son igual de caros o baratos, según se mire. A la hora de decidirnos por uno de ellos no sólo debemos ver el coste del suministro, sino saber cuál es su poder calorífico.

### 1. Calefacción de gas natural

Es muy interesante porque nos permite alcanzar la temperatura deseada con gran rapidez, lo que supone un ahorro importante

## LA OPINIÓN DEL EXPERTO

Pese a la inversión que puede suponer de forma inicial, la calefacción es el mejor remedio de conseguir el confort en casa a un buen precio. Es el método que nos ofrece una mayor comodidad, ya que nos permite calentar todo el hogar de una forma uniforme a través de los radiadores. Otra ventaja es que resulta mucho más ecológico, además de limpio. Con un buen termostato podremos disfrutar de ella a cualquier hora. Podemos programar la hora y el día que deseamos se encienda o apague la calefacción y el tiempo que queremos que esté en marcha. Al respecto de la programación, si lo deseamos podemos incluso incorporar un termostato en cada habitación, personalizando todavía más el ambiente.

La calefacción nos aporta salud, ya que por una parte evitamos alteraciones bruscas de temperatura al crear un microclima en toda la casa. En cambio, con estufas de butano (que además consumen el oxígeno) o radiadores eléctricos es mucho más difícil lograr esta uniformidad. Eso sí, si lo que deseamos es ahorrar dinero debemos mantener siempre la calefacción en perfecto estado de rendimiento, procediendo para ello a un buen purgado antes de cada uso.

Luis Buxo

Técnico en clima

de combustible. Si, además, disponemos de una caldera mixta, podemos obtener agua caliente y calefacción en el mismo aparato, lo que también implica un ahorro interesante.

## 2. Bomba de calor

Suele alimentarse de electricidad, por lo que resultará ideal si tenemos contratada una tarifa nocturna y, además, disponemos de un acumulador. Proporciona aire acondicionado y calefacción, y su funcionamiento significa entre un 60 y un 80 por ciento de ahorro de energía en comparación con el sistema eléctrico convencional

## 3. Calefacción eléctrica con acumuladores

Este sistema es todavía mucho mejor que el anterior para aquellas personas que tengan contratada la tarifa nocturna (que implica un ahorro de hasta un 55 por ciento del consumo). Los acumuladores suponen a medio plazo un importante ahorro de dinero, pero su coste es elevado.

## 4. Radiador mural estanco

Funcionan con gas propano y se instalan mediante módulos. Están especialmente indicados para climas templados. Son ideales en las estancias más frecuentadas del hogar.

## MANTENIMIENTO DOMÉSTICO: ¿CÓMO PURGAR LA CALEFACCIÓN?

Cuando tenemos la calefacción apagada durante el tiempo de calor es fácil que el circuito de agua pierda presión, ya sea por evaporación o por la ausencia en la dinámica de fluido.

Antes de tener que usar con regularidad la calefacción debemos efectuar una serie de comprobaciones en toda la instalación, ya que de lo contrario estaremos perdiendo energía y con ella dinero.

1. Antes de poner la caldera en marcha debemos llevar el circuito de agua con una presión de 1 o 1,5 kilos (observaremos esta condición en el manómetro de la caldera).

2. Al llenar el circuito es fácil que se produzca entrada de aire que puede impedir la correcta distribución del calor por todo el radiador así como por los tubos de conducción, lo que nos obligará a realizar un purgado.

3. Para realizar esta acción disponemos de un elemento de purgado en cada radiador que se encuentra en el lado opuesto de la llave de paso de agua. En algunas instalaciones encontraremos purgadores en las tuberías de distribución de agua, siempre situados en la parte más alta del sistema.

4. Con la ayuda de unos pequeños alicates presionaremos ligeramente la válvula de purgado para que se elimine el aire que contiene el radiador. Entenderemos que el sistema está correctamente purgado en ese punto cuando aparezcan las primeras gotas de agua.

## EL CONSUMO DE LOS ELECTRODOMÉSTICOS

Aunque más adelante nos ocuparemos de su adquisición, vamos a ver seguidamente de qué forma podemos usarlos para rentabilizarlos al máximo y logrando un menor consumo, consiguiendo, por tanto, un mayor ahorro. Los electrodomésticos de los hogares son los responsables de tres cuartas partes del importe de la factura de la electricidad. Ahorrar esta partida es posible, ya sea optimizando su uso o, en caso de que sean viejos y ya hayan cumplido su ciclo de funcionamiento, renovándolos por otros, de menor consumo.

## Saber usar el lavavajillas

Nadie duda que de que es uno de los grandes inventos domésticos. Nos permite tener más tiempo para otras cosas gracias a que con él nos ahorraremos tener que lavar los platos. Ahora bien, si somos usuarios de este electrodoméstico debemos saber usarlo adecuadamente. Seguiremos siempre estos puntos:

▸ No lo pondremos en marcha si no está lleno del todo, aunque sepamos que sobrecargarlo implicará un mayor esfuerzo para el aparato y seguramente no obtendremos la limpieza esperada, por lo que deberemos volver a lavar.

▸ Evitaremos en lo posible el prelavado largo, ya que es una función que podemos ahorrar en agua y electricidad si antes de situar la vajilla o cubiertos en el aparado los dejamos en remojo en el fregadero lleno de agua. De esta forma se ablandará notablemente la suciedad.

▸ Procuraremos lavar a temperaturas medias o bajas y, si es posible, recurriremos a la media carga o, en los aparatos más modernos, a los programas biológicos.

▸ Ahorraremos bastante dinero dejando que los platos, vasos y cubiertos se sequen a la intemperie en lugar de usar el calor del lavavajillas, que, recordemos, supone un consumo.

## Neveras para conservar el dinero

Además de para conservar los alimentos, las neveras pueden ser de gran ayuda para nuestra economía, siempre y cuando seamos capaces de utilizarlas de forma adecuada. Por ejemplo, evitaremos que el lugar donde esté ubicada la nevera padezca una temperatura excesiva. De esta forma, no la colocaremos cerca de la cocina, el horno o de una ventana que esté bajo la influencia de los rayos del sol.

Recordemos que, la nevera, cuanto más cerca del frío mejor. Veamos otras medidas que, aunque nos parezcan muy lógicas, no siempre tenemos en cuenta.

▸ Cerrar las puertas. Es mucho mejor que abramos y cerremos varias veces la puerta de la nevera que mantenerla mucho rato abierta mientras la cargamos.

▸ La mejor forma de cargar una nevera es agrupando previamente todos los alimentos que vamos a introducir en ella; esto nos evitará tardar más de la cuenta si la puerta permanece abierta y, por supuesto, tener que abrir y cerrar reiteradamente.

▸ A la hora de poner la mesa o de extraer los alimentos, sólo con que seamos precavidos y pensemos qué queremos sacar de la nevera, ahorraremos la pérdida de frío y por tanto que el aparato deba volver a conectarse.

▸ Procuraremos que tanto el refrigerador como el congelador siempre estén llenos, ya que de este modo se optimiza mejor el consumo de electricidad.

## LAS VENTAJAS DEL MICROONDAS

Se trata de unos aparatos bastante económicos y que pueden incorporar incluso unas varillas que hacen las funciones de grill, de manera mucho más barata que el de un horno. Pese a su consumo, que suele ser ligeramente elevado, la velocidad de cocción o calentamiento de los platos los hace muy efectivos.

▸ La escarcha es una de las peores enemigas de las neveras, incluso de las más modernas. Evitando que se forme, lograremos que el aparato rinda adecuadamente.

▸ Debemos limpiar periódicamente el polvo de las bobinas situadas en la parte trasera de la nevera, ya que de esta forma funcionará de manera menos forzada.

## Horneando con ahorro

El horno eléctrico tiene numerosas ventajas, ya que nos permite una cocción limpia, aunque fuerte, de los alimentos. Sin embargo, una de las grandes desventajas es que la mayoría de las veces precisa ser precalentado para funcionar a un rendimiento que sea óptimo.

Cocinar con un horno eléctrico no es precisamente el mejor remedio para ahorrar, pero si no hay más remedio, tendremos en cuenta estos consejos:

▸ Evitaremos abrir y cerrar el horno más de lo estrictamente necesario, ya que cada apertura de puerta supone una pérdida de calor y por tanto un mayor esfuerzo y consumo de energía.

### CONVIENE SABER QUE...

El consumo eléctrico de la lavadora es elevado, especialmente en el momento de centrifugar, pero también cuando empleamos programas de temperatura alta.

Debemos procurar que el programa de lavado seleccionado no sobrepase de los 40°.

▸ El gratinador del horno sólo debe utilizarse cuando realmente debamos gratinar un plato importante, y no haciéndole servir como calentador de platos. Para ello nos tendrá más cuenta contar con un microondas.

▸ Obtendremos una cocción más rápida de los alimentos si recurrimos a recipientes metálicos o de vidrio, y será más lenta, y por tanto más cara, con recipientes de barro cocido.

▸ Una adecuada higiene del horno garantizará un mejor funcionamiento del mismo y un ahorro de energía a largo plazo.

▸ Debemos comprobar que la puerta del horno de la cocina cierre perfectamente. Si el burlete que lo cierra herméticamente no está en buen estado, estaremos malgastando gas o electricidad, porque no se podrá obtener el máximo rendimiento a la temperatura del horno.

## Ahorrando con la lavadora

Se trata de un electrodoméstico de elevado consumo, pero es totalmente imprescindible, aunque, al margen de utilizarla por la noche si es que tenemos contratada una tarifa nocturna, debemos seguir estos consejos para ahorrar en consumo eléctrico y en agua:

▸ Pondremos la lavadora sólo cuando podamos llenarla tras la selección de las prendas en lo que a colores y tejidos se refiere.

▸ Si aprovechamos al máximo la capacidad de la lavadora, en lugar de utilizarla con media carga, podremos ahorrar hasta 150 litros de agua por colada.

▸ En el caso que dispongamos de una lavadora de bajo nivel de consumo, con controlador y selector de carga, podremos llegar a ahorrar entre 250 y 350 litros por vez.

## LOS ELECTRODOMÉSTICOS DE GAS

Reciben el nombre de gasodomésticos y presentan una alternativa que puede ser interesante a la electricidad si disponemos de los servicios adecuados de gas. Cuando llega el momento de cambiar la lavadora, la secadora o el lavavajillas, se nos presenta una oportunidad de ahorrar a través de los gasodomésticos.

Se trata, como su prefijo indica, de electrodomésticos que funcionan con gas y que, al tratarse de una de las fuentes de energía más baratas, su consumo resulta económico. El precio de estos aparatos no suele ser superior al de los electrodomésticos convencionales.

### Lavando con gas

Las lavadoras de gas tienen la ventaja de que ahorran agua y energía en cada lavado. El agua caliente que usan entra directamente desde el calentador de la caldera de gas. Así, se consigue un menor coste y menor tiempo de lavado, lo que se traduce en un 30 por ciento de ahorro de energía en cada utilización, en comparación con las lavadoras eléctricas.

### Las secadoras a gas

Con este tipo de aparato se puede ahorrar hasta un 40 por ciento de energía con respecto a las secadoras tradicionales que se alimentan de electricidad. Ello se debe a que el aire que seca la ropa es calentado a través de una serie de quemadores que funcionan con gas. Así mismo, el secado es más rápido (apenas necesita una hora por colada), por lo que el consumo de electricidad que hace girar el tambor es también menor.

## Lavavajillas a gas

Suelen recibir el nombre de pretérmicos y tienen la capacidad de ahorrar hasta un 64 por ciento de agua y energía en cada lavado, gracias a que van conectados directamente a la red de agua caliente generada por el calentador o la caldera de gas natural. Así mismo, al no tener que sufrir un desgaste en su resistencia, su periodo de vida es mayor.

## EL AGUA: DINERO LÍQUIDO

Tanto las cocinas como los baños son, si se nos permite la comparación, auténticas fuentes o manantiales de gastos. Más allá del lugar en el que vivamos, que supondrá padecer una mayor o menor escasez de agua, lo cierto es que un correcto uso del agua a la hora de lavar o realizar la higiene personal implicará, al final del mes, un ahorro o gasto considerable.

### CONVIENE SABER QUE...

Por poco dinero podemos recurrir a los grifos reductores de agua. Funcionan por presión y tras un tiempo determinado el agua deja de correr a los pocos segundos.

El goteo en las griferías, tanto de cocinas y como de baño, - es una pérdida de dinero. Las griferías siempre deben estar perfectamente ajustadas, ya que el típico goteo, por imperceptible que sea, puede suponer muchos litros de agua al cabo del mes.

Una de las facturas más costosas es la del agua. Y es importante plantearse reducir su consumo tanto por motivos económicos como ecológicos. A pesar de que se trata de un elemento abundante en el planeta, lo cierto es que potabilizarla no es sencillo e implica costos muy altos. Por ello, el agua potable se ha convertido en un bien escaso, y su elevado precio responde a una serie de valores adicionales, que son los que hacen que el líquido llegue a nuestros grifos en perfectas condiciones de uso.

Con el fin de actuar como ciudadanos civilizados y, a su vez, reducir el importe de la factura de la compañía de aguas, es aconsejable adoptar una serie de fáciles medidas. Ya hemos visto la importancia de usar convenientemente el lavavajillas y la lavadora, veamos sin embargo otros aspectos que deberíamos tener muy presente a la hora de utilizar el agua.

## En la cocina

La cocina es el foco de mayor consumo de agua de un hogar, ya sea a través de la lavadora o del lavavajillas, aunque también los grifos tienen su parte en todo ello. Reducir el consumo y ahorrar dinero es posible a través de unas medidas que, aplicadas con constancia, se convertirán en un hábito más de nuestra conducta.

▸ A la hora de lavar los platos, si lo hacemos utilizando un barreño en lugar de abriendo y cerrando el grifo constantemente, podremos ahorrar alrededor de unos 120 litros de agua.

▸ Según el tipo de instalación de agua caliente que tengamos, debemos evaluar si es más económico calentarla en el fuego o mediante el calentador. A veces esperando que el agua caliente salga a una temperatura óptima perdemos excesivos litros.

▸ Lavar a mano es más incómodo, pero también más barato que hacerlo con el lavavajillas. Si pese a todo recurrimos a dicho aparato y queremos ahorrar 50 litros de agua cada vez que lo utilicemos, debemos pasar por un barreño con agua todos los cubiertos y vajillas antes de introducirlos en el aparato. Usaremos programas cortos y secaremos a la intemperie.

▸ Si lavamos las frutas y verduras utilizando para ello un recipiente con agua, en lugar de hacerlo directamente bajo el chorro del grifo, evitaremos tirar por el desagüe más de 50 litros de agua.

## En el baño y la ducha

Ésta es la otra estancia de la casa por la que se nos escapa el dinero, aunque sea en forma de agua. De entrada, una de las mejores medidas para poder ahorrar en el baño es sustituirlo por la ducha.

Pero, como veremos, hay otras medidas que quizá sólo pasen por un ligero cambio de hábitos que, además de ahorro, supondrán un mayor respeto con el medio ambiente.

▸ Si nuestras duchas no duran más de cinco minutos, podemos ahorrar hasta 80 litros de agua al día por persona. Esto es tanto como decir que en una casa con una familia estándar, de cuatro personas, ahorraremos hasta 9.600 litros de agua al mes.

▸ Debemos hacer un esfuerzo por reducir el caudal de agua; para ello podemos emplear una cabeza de ducha con reductor, lo que nos permitirá reducir a la mitad el agua consumida en la higiene diaria.

## Ahorrando con el inodoro

Utilizar el inodoro de forma indiscriminada para otros menesteres que no son los suyos es un gasto de agua inútil. Todo ello sin contar que también debemos aprender a usar de una forma racional el rollo del papel higiénico, no sólo porque si utilizamos más de la cuenta estamos gastando de forma innecesaria, sino porque, por otro lado, puede que produzca un atasco y sea necesario descargar la cisterna de agua varias veces, con el gasto que ello supone.

▸ Si instalamos una cisterna de bajo consumo, de las que permiten interrumpir la entrada de agua a voluntad, reduciremos a una tercera parte el consumo de agua.

▸ Un remedio para ahorrar agua será introducir una botella de 1,5 litros de agua mineral llena en el depósito. Ocupará un volumen en la cisterna y el agua alcanzará antes la boya que interrumpe el paso de agua.

▸ Otro sistema bastante efectivo para ahorrar agua con la cisterna es colocar una botella de agua vacía y perfectamente cerrada en la cisterna. Procederemos a situarla en transversal de manera que cuando ascienda el nivel de agua de la cisterna, la botella suba, tocando la boya e interrumpiendo antes el paso de agua. Cuanto más grande sea la botella, menos agua gastaremos.

## La higiene bucal y el agua

Si de verdad pretendemos ahorrar agua, tenemos dos opciones: o cerramos y abrimos el grifo de forma intermitente a medida que nos higienizamos la boca, o empleamos un vaso, lo que nos permitirá economizar hasta diez litros por persona. Por supuesto, lo que no debemos hacer jamás, bajo ningún concepto, es dejar el grifo abierto mientras nos cepillamos.

## Ahorro al lavarse las manos

Algo tan simple como cerrar el grifo de agua mientras nos enjabonamos las manos al lavarlas supondrá un ahorro de entre 15 y 20 litros de agua, contando que al día nos lavemos una vez la cara y cuatro las manos.

## AHORRANDO EN JARDINES Y TERRAZAS

Quien más, quien menos, todo el mundo tiene plantas en su hogar —en el interior, balcones, terrazas o jardín—, que precisan agua para alimentarse. Que el cuidado de la vegetación doméstica no se convierta en un despilfarro depende del sistema de riego que empleemos, ya sea manual o mecánico.

A su vez, también hay que realizar un pequeño estudio de campo para saber cuáles son las necesidades de agua de nuestras plantas y así ajustar el sistema que empleemos. El tipo de vegetación, su desarrollo, el sustrato de la tierra en la que crece, la estación del año, la humedad o el viento, la humedad ambiental, nos indicarán qué modo de riego debemos adoptar.

## Regando a mano

Es el mejor sistema para evitar despilfarros y es el mejor sistema cuando se trata de un jardín pequeño, una terraza o macetas de interior, aunque es preciso conocer algunas pequeñas técnicas que pueden hacer que reguemos mejor economizando agua.

▸ Regaremos por abajo o colocaremos un plato de agua bajo la maceta durante un corto espacio de tiempo, con el fin de que las raíces absorban el líquido. Si transcurrido el tiempo de espera el plato todavía contiene agua, debemos retirarlo y emplearlo en otra planta.

▸ Procuraremos imitar la lluvia. Según el tipo de sustrato, sobre todo cuando se trata de turba, lo más adecuado es echar el agua por encima de la tierra de manera lenta. Este sistema dosifica el agua que precisa la planta y evita que ésta salga por los orificios que hay en la base de la maceta, ya que no existe excedente.

▸ Para suministrar humedad ambiental a una planta de interior se recomienda colocarla sobre un plato lleno de agua, aunque evitando con unas piedras u otro objeto que la base de la maceta esté en contacto con el agua. La evaporación del agua del plato bastará para compensar la sequedad ambiental, sin tener que regar más de la cuenta.

## El regado mecánico

Esta manera de proporcionar agua a las plantas requiere una ligera inversión económica que se amortiza a medio plazo con el descenso del importe del recibo del agua. Por tanto, resulta ocioso comentar que su aplicación sólo merece la pena cuando hablamos de superficies medias o grandes de riego. Por supuesto, si la superficie es notable el riego mecánico siempre será más barato que la manguera o el riego a mano.

Si nos decantamos por el riego con goteo, debemos saber que es un sistema que requiere un desembolso sustancial por metro cuadrado de superficie a regar, pero consume muy poca agua. Su finalidad es la de regar con poca frecuencia, pero profundamente, una o dos veces a la semana durante un máximo de duración de dos horas.

En el caso de que nos decantemos por el riego de aspersión debemos saber que este método sólo resulta economizador cuando la superficie a regar es una gran extensión, ya que si lo empleamos en pequeñas zonas derrocharemos agua al mojar partes del jardín o la terraza que no tienen vegetación.

## AHORRANDO CON EL FUEGO

Al margen del uso racional de la calefacción, del que hemos comentado unos aspectos relevantes, existen otras maneras de lograr reducir la factura del gas, uno de los combustibles más económicos pero no por ello derrochable. Vamos a ver de qué manera podemos evitar que nuestro dinero se queme de forma innecesaria.

▸ Siempre que sea posible, utilizaremos la cocina en lugar del horno, ya que este último consume casi el doble de energía y mucho más si es eléctrico.

▸ Solicitaremos revisiones anuales de la cocina y realizaremos una puesta a punto de la caldera y los radiadores. Ganaremos seguridad y, a su vez, conseguiremos que estos aparatos consuman menos.

▸ Para que las revisiones periódicas no supongan un desembolso inesperado, debemos estudiar la viabilidad de suscribir un plan de mantenimiento que da derecho a una serie de revisiones que acabaremos pagando a plazos.

▸ Al cocinar podemos ahorrar consumo de gas evitando que la llama rebase el fondo del recipiente puesto al fuego. Toda llama que sobresalga no ejerce función alguna, gasta pero no calienta.

▸ Recordemos que las cocinas eléctricas resultan más caras que las de gas, conviene evaluar dicho aspectos antes de instalar una.

▸ Una forma interesante de ahorrar dinero es limpiando sistemáticamente los quemadores. Si están sucios, se produce

### EDUCAR CON EL TELÉFONO

«Si tenemos hijos, de la misma forma que deben aprender que no tienen que dejar encendida la luz de forma innecesaria o que deben ahorrar en el consumo de agua, también tienen que acostumbrarse a usar el teléfono correctamente.

Cada vez más, especialmente durante la adolescencia, se hace un uso indiscriminado del teléfono. Los jóvenes tienden a la llamada sin criterio que, además, se suele prolongar más allá de lo estrictamente necesario. Los hijos suelen seguir las normas y costumbres que ven en la casa. Como padres, no podemos pretender que se ahorre en el uso del teléfono si no damos ejemplo. Al tiempo, debemos acostumbrar a los hijos a un uso limitado y lógico del aparato. Tenemos que controlar también qué tipo de llamadas hacen para evitar que llamen indiscriminadamente a concursos televisivos, teléfonos eróticos, etc.»

Gloria Durá
Educadora

una combustión deficiente y consumen más de lo debido, ya que se produce un desprendimiento de la llama que no acelera el tiempo de la cocción.

▸ Siempre que resulte posible, cocinaremos diversas comidas simultáneamente, aprovechando los tres o cuatro quemadores de la cocina, ya que de este modo se aprovecha mejor el calor y no se hace necesario incrementar la potencia de la llama.

▸ Si tapamos las cacerolas u ollas, conseguiremos acelerar la cocción. Por supuesto, siempre que el plato lo permita, debemos decantarnos por las ollas a presión que cocinan con mayor rapidez, generando, por tanto, un menor consumo de gas o electricidad, según sea el caso.

## COMUNICACIONES AHORRATIVAS

Hablar por teléfono es una necesidad imperante en nuestros días. Si a ello le añadimos que cada vez podemos lograr más cosas mediante el hilo telefónico, resulta que el teléfono acaba por convertirse en un elemento indispensable, casi en un bien de primera necesidad.

El mercado de las telecomunicaciones es cambiante. Las leyes de la oferta y la demanda han generado una impresionante competencia entre compañías, hecho que provoca que constantemente se rebajen las tarifas para conseguir llevarse la porción mayor de un pastel formado por los consumidores. Dado este panorama, cuando las circunstancias lo permitan, la mejor opción para ahorrar dinero consiste en no casarse con ninguna compañía, y contratar los servicios de diferentes operadores según nuestras propias necesidades. Veamos algunas claves de ahorro:

## PRESTANDO ATENCIÓN:
## ANALIZANDO LA FACTURA TELEFÓNICA

A veces no es suficiente con pensar que debemos utilizar el teléfono de forma más racional. Es necesaria una evidencia y la mejor de todas suele ser la factura telefónica. Debemos acostumbrarnos primero a ver cuánto pagamos y, después, en concepto de qué. En ocasiones las compañías nos cobran servicios que no hemos solicitado, o que figuran como promocionales y luego pasan a ser de cobro. Al respecto de las facturas telefónicas debemos tener en cuenta estas condiciones:

▶ Qué servicios nos están ofreciendo las compañías telefónicas y cuánto estamos pagando por ello. Acto seguido verificaremos si los usamos realmente y si son ventajosos o no.

▶ Revisaremos en qué horas se producen más llamadas y nos informaremos sobre la posible existencia de tarifas de reducido precio en dicha franja horaria.

▶ En el caso de que existan bonificaciones a partir de un horario, procuraremos realizar la mayoría de las llamadas en dicho horario.

▶ Debemos fijarnos a qué teléfonos llamamos con más frecuencia para de esta forma determinar la viabilidad de contratar un servicio especial para dichos números.

▶ Solicitaremos, siempre que sea posible, una factura detallada, ya que nos servirá para realizar un mayor y mejor control sobre el uso que hacemos del teléfono.

## APRENDER A USAR EL TELÉFONO

Teóricamente todos sabemos hablar por teléfono. Lo cierto es que sabemos qué hacer con el aparato, pero habitualmente desconocemos la forma adecuada de usarlo, al menos en lo que a economía se refiere.

Antes de llamar por teléfono debemos ser conscientes de que cada llamada implicará un coste y que éste variará en función de la franja horaria y del número al que marquemos, ya sea local, provincial o internacional. Los costes también se dispararán cuando la llamada que efectuemos sea a un teléfono fijo.

De la misma forma debemos llevar especial cuidado a la hora de llamar a los teléfonos que supuestamente son de «servicios» y que en realidad a veces nos cobran un plus, que suele ser bastante elevado, por las llamadas. Antes de descolgar el teléfono debemos tener en cuenta estos puntos:

▸ Organizaremos la llamada, sabiendo a qué número llamamos y fijándonos con atención en lo que hacemos al marcar. Se calcula que entre un 7 y un 10 por ciento de las llamadas que realizamos al cabo del año han sido equivocadas. Todo depende de la frecuencia con que utilicemos el aparato.

▸ Debemos prestar atención tanto cuando anotamos un número de teléfono, para que cuando llamemos no gastemos dinero en balde, como cuando lo marcamos, ya que así evitaremos errores que al fin y al cabo nos cuestan dinero.

▸ La llamada debe ser clara, directa y concisa. A veces perdemos segundos preciosos por teléfono, segundos que al cabo del mes pueden suponer bastantes minutos e incluso horas, que terminaremos pagando.

▸ Evitaremos la mala costumbre de colgar el teléfono cuando aparece un contestador. De entrada porque en el momento que escuchamos el mensaje ya estamos pagando dinero y, por otra parte, si no dejamos mensaje deberemos volver a llamar.

▸ Siempre que sea necesario tomaremos nota de lo que estamos hablando o de lo que nos dice el interlocutor; ello evitará dudas, que nos pueden provocar tener que volver a llamar por teléfono más tarde.

# 03

## CÓMO AHORRAR EN ALIMENTACIÓN

Comer bien es una cosa y hacerlo a cualquier precio es otra bien diferente. La cesta de la compra es una parte muy relevante del presupuesto de un hogar. No sólo debemos aprender a comprar y hacerlo de forma organizada, que al final nos resultará mucho más barato. También tenemos que hacer lo posible por comprar calidad a buen precio. Como veremos, para obtener los mejores precios a veces es necesario dejar a un lado la comodidad y destinar un poco más de tiempo a la acción de comprar. Comparar precios, acudir a las ofertas y, no siempre, aunque sí muchas veces, comprar el producto denominado «marca blanca», serán algunas de las claves que nos ayudarán a que la cesta de la compra sea menos gravosa. Por supuesto, no podemos pasar por alto un par de detalles significativos: comer fuera de casa y comprar a última hora.

Cuando comemos fuera de casa, puede que lo hagamos por obligación. Si dichos ágapes van a nuestro cargo debemos saber que llevar la comida preparada y comer en la empresa siempre será más barato que acudir a un bar de menú. Por lo que se refiere a las compras a última hora, siempre son más caprichosas, caras y al final poco prácticas.

Como veremos a lo largo de este capítulo, hay muchas formas de efectuar las compras de los alimentos y no todas son igual de rentables o baratas. Comenzaremos en primer lugar por aprender a comprar.

## DIFERENTES FORMAS DE COMPRAR

El ritmo de vida que llevamos, compaginando el trabajo fuera de casa con las labores domésticas, nos ha privado en la mayoría de los casos del hábito de acudir a la compra a diario, tal como lo hacían nuestros abuelos y padres.

Hacer la compra a diario puede reportarnos un ahorro de hasta un 25 por ciento con respecto a la compra mensual. Veamos, sin embargo, que la compra diaria posee algunas ventajas, aunque la de ahorrar tiempo no será una de ellas:

▸ Si nos acostumbramos a comprar cada día, estaremos obligados a repartir proporcionalmente el presupuesto mensual destinado a la alimentación.

▸ La compra diaria permite que calculemos cuánto dinero debemos gastar y nos evitará las sorpresas de última hora a las que nos puede conducir una compra mensual, que por lo general acostumbra ser más desorganizada.

▸ Con la compra diaria estamos adquiriendo lo que realmente necesitamos y, si lo programamos adecuadamente, compraremos más barato. En cambio la compra mensual, salvo que esté perfectamente programada, nos conduce a «cargar» más de la cuenta y con productos que no siempre necesitamos.

▶ Comprar con un presupuesto cerrado nos permite prestar más atención a las ofertas existentes. Se compra más por el mismo precio.

▶ Cada vez está más implantada la estrategia de instalar supermercados de descuento en áreas colindantes a zonas de oficinas. Merece la pena comprobar si existe alguno cerca de nuestro lugar de trabajo, ya que podremos recuperar la cos-

## LA FIDELIDAD DE UN CLIENTE

Algunas cadenas de supermercados ofrecen gratuitamente unas tarjetas de las que se deriva una serie de ventajas para el usuario en forma de descuentos y servicios extras.

La gran mayoría son tarjetas gratuitas, sin cuotas de emisión ni de renovación anual que nos ofrecen descuentos por el importe de la compra realizada. Algunas ofrecen rebajas de hasta un 2 por ciento en determinadas gasolineras asociadas a la hora de comprar carburante para nuestro vehículo.

Otra de las cualidades de determinadas tarjetas es la posibilidad de obtener puntos extra en diferentes artículos cada mes, y esos puntos se convierten en dinero al finalizar un determinado plazo de tiempo. En algunos centros los usuarios de estas tarjetas pueden recibir, en su domicilio, publicaciones para estar al día de las futuras ofertas y promociones periódicas que prepara su establecimiento.

tumbre de comprar cada día y ahorrar, debido a que estos establecimientos son los que mejores precios ofrecen.

## COMPRANDO EN EL MERCADO

Al margen de que las compras en los puestos de un mercado siempre son más ricas en lo que a vida social se refiere, dado que los hiper o supermercados no dejan de ser lugares fríos y distantes, los mercados suelen ofrecer mejores precios. Eso sí, debemos acostumbrarnos a ellos, ya que la dinámica es diferente a la de un establecimiento de autoservicio.

### REBAJANDO LAS REBAJAS

El día previo al descanso semanal del mercado es el día de la oferta, especialmente cuando llega la hora del cierre. Es cierto que la variedad de productos puede ser inferior, pero los precios tienden a bajar. Algunos vendedores deciden rebajar hasta en un 80 por ciento el precio de los productos, y así desprenderse de ellos, porque les resulta más rentable que alquilar un espacio en una cámara frigorífica durante el día de fiesta o cierre del mercado. Estas condiciones son similares en los mercados y mercadillos semanales. En estos casos es aconsejable acudir a ellos entre 30 y 60 minutos antes de la recogida de las paradas itinerantes, momento en que los vendedores prefieren ofrecer sus productos a un precio más bajo en lugar de tener que volver a cargar con ellos.

En el mercado tendremos que esperar turno y, por supuesto, dar alguna que otra vuelta buscando ofertas, etc., pero al fin nuestro bolsillo nos lo sabrá agradecer. Veamos cómo proceder en estos lugares.

▸ En el mercado, antes de comprar es conveniente dar una vuelta por el lugar, cotejando y comparando los precios. Entre puestos de frutas y verduras podemos ver diferencias de hasta un 20 por ciento por un mismo producto.

▸ Si desconocemos el mercado al que hemos acudido, nos dejaremos guiar por el público que compra en él. Prestaremos especial atención en aquellos puestos en los que hay más gente esperando turno. Posiblemente sean los que ofrezcan mejor calidad y precio.

▸ Por supuesto, lo aconsejable es acudir siempre al mismo mercado y a los mismos establecimientos, ya que al final se crea una relación de confianza entre comerciante y comprador, que puede redundar no sólo en un arreglo de precio sino también en la obtención de una mejor calidad de productos.

▸ Otra manera de ahorrar consiste en acudir a comprar una hora antes del cierre, ya que muchos comerciantes rebajan el precio de los alimentos o realizan ofertas interesantes para terminar la jornada sin existencias.

## COMPRANDO Y AHORRANDO EN EL HIPERMERCADO

Cada vez son más las personas que compran en hipermercados. Existen diferentes razones que lo justifican: comodidad, ya que todos los productos están centralizados en el mismo local, y ahorro, debido a que estos establecimientos compran grandes cantidades de alimentos, lo que obliga a los proveedores a ajustar mucho más sus precios.

La comodidad no siempre es un sinónimo del ahorro. Según muchos estudiosos de consumo, en los hipermercados el cliente tiende a desarrollar algunas conductas erróneas de compra que merece la pena tener en cuenta para no caer en ellas. Con este objetivo, es conveniente seguir los siguientes consejos:

▸ Acudiremos al hipermercado una vez por semana. Ir con asiduidad provoca que se adquieran productos de manera impulsiva. En caso de que hagamos la compra una vez al mes, debemos tenerla muy bien estructurada y organizada.

▸ Iremos siempre con una lista de la compra, realizada previamente repasando lo que hay y lo que falta en la despensa. Está comprobado que aquellas personas que compran con lista gastan menos.

## CONGELADOS A DOMICILIO

Adquirir congelados a través de un catálogo y esperar a que nos los traigan es un buen sistema para ahorrar tiempo y esfuerzos. Comprando a través de este sistema ahorraremos de forma significativa, porque los catálogos ofrecen precios altamente competitivos gracias a que se trata de negocios implantados en numerosas ciudades, que mueven un gran volumen de productos, lo cual provoca que puedan adquirir las materias primas a precios más que ajustados. Por otra parte, el simple hecho de que nos entreguen la compra en nuestro hogar implica que ahorremos dinero al evitar los desplazamientos, así como que podamos aprovechar mejor las ofertas y promociones comprando una mayor cantidad de productos.

▸ Si queremos que nuestra compra sea efectiva de verdad, debemos acudir al recinto comercial cuando estemos descansados, de esta forma podremos calcular los precios y detectar posibles errores en la caja.

▸ No estará de más hacer la compra con una calculadora. Es útil para calcular el precio unitario de los productos vendidos a peso y para comprobar que no nos estamos pasando del presupuesto marcado.

▸ Debemos prestar atención a los productos que no quedan a la altura de la vista. En la mayoría de los supermercados las mejores ofertas están en los estantes más bajos y en los más altos. Habitualmente, los productos que están a la altura de los ojos del consumidor son aquellos que dan más margen de beneficio al centro comercial.

▸ Antes de dejarnos llevar por el entusiasmo de un buen precio y caer en la tentación de comprar grandes cantidades debemos ser previsores. Debemos leer la fecha de caducidad de los productos y calcular nuestra capacidad de despensa antes de cargar más de la cuenta.

▸ Aprovecharemos los cupones de descuento que entrega el centro o un producto determinado: a menudo estos cupones se distribuyen en los buzones de nuestras casas acompañados de una muestra.

▸ Siempre que podamos utilizaremos la tarjeta de cliente en el caso de que el centro la proporcione. Suele ir acompañada de un descuento de algún porcentaje de la compra, o acumula puntos canjeables en regalos.

## APROVECHANDO LAS OFERTAS

Dicen las estadísticas que gastamos alrededor de una cuarta parte del presupuesto familiar en alimentación. Se trata de una partida tan necesaria como elevada, por lo que siempre es positivo poder ahorrar una porción de este dinero para destinarlo a otros quehaceres. Y un medio para conseguirlo consiste en prestar atención a las ofertas y promociones que ofrecen las tiendas de comestibles, supermercados e hipermercados.

▸ En caso de disponer de tiempo, siempre procuraremos acudir al comercio con suficiente antelación. Una vez en las instalaciones y con suma calma, repasaremos las ofertas existentes, e intentaremos planificar un menú para toda la semana con los productos que están de oferta. No estará de más que contemos con una libreta para tomar nota de nuestras ideas de compra.

▸ No debemos pasar por alto las promociones de productos frescos. Siempre podemos comprar cantidades importantes, cocinarlas y dejarlas en el congelador.

▸ Tenemos que prestar especial atención a los alimentos de temporada: son más económicos y, cuando hay excedente de

### CONVIENE SABER QUE...

Ante las ofertas, es muy importante prestar atención a la fecha de caducidad de los productos, ya que éste puede ser un motivo para rebajar su precio, especialmente cuando las fechas están muy cercanas.

▸ Podemos buscar en Internet o a través de las páginas amarillas lugares en los que vendan producto de ocasión o con taras. No debemos desconfiar, pero sí que debemos revisar perfectamente el producto antes de adquirirlo.

▸ La tara es un pequeño fallo de fabricación que puede ser que la prenda lleve una talla mal puesta, que le falten uno o varios botones, o un dobladillo descosido.

▸ Antes de comprar una prenda con tara debemos evaluar si podremos repararla o usarla de verdad para el fin con el que la hemos comprado, ya que de lo contrario sólo estaremos gastando dinero de forma inútil.

## RENTABILIZAR LA ROPA YA USADA

Cuando decidimos cambiar nuestro armario tenemos dos opciones: o guardamos en el olvido aquello que sabemos que no usaremos, o lo donamos o... lo vendemos. Desde luego ésta es una buena forma de rentabilizar una prenda que todavía esté en buenas condiciones.

Tanto si tenemos problemas con la talla como si la prenda no nos gusta, podemos informarnos sobre la posibilidad de vender el producto a una tienda de segunda mano; el comerciante la pondrá a la venta y quizá nos llevemos un interesante porcentaje de la operación.

## AHORRO EFECTIVO:
## PEQUEÑOS ARREGLOS Y RECICLAJE

El mundo del consumo ha visto renacer los establecimientos de arreglo de prendas de vestir. Se trata de unos locales en los que se puede, a un módico precio, hacer el dobladillo de un pantalón, reducir las perneras, arreglar cuellos y puños de camisas o reconvertir un abrigo en una chaqueta corta. Y si este negocio, que emula a las modistas de antaño, funciona, es gracias a la existencia de una demanda.

La población está más concienciada de la necesidad de ahorrar y, al mismo tiempo, cada vez son más las personas que se resisten a tirar a la basura una prenda de calidad sin darle una segunda oportunidad.

▸ Si no sabemos dónde localizar un establecimiento destinado a los arreglos, la mejor forma de informarnos de un servicio sustitutorio será preguntado en la tintorería más próxima a nuestra casa. Por norma general, sabrán indicarnos el nombre de alguna vecina que se dedique a estas labores en su domicilio o puede que incluso en dicho establecimiento tengan acordado con algún profesional del sector este tipo de servicio.

▸ Debemos consultar también los carteles de anuncios que aparecen en los comercios de la zona en la que vivimos, donde las personas que demandan trabajo ofrecen sus conocimientos en la reparación y arreglo de las prendas de vestir. Habitualmente las ofertas que encontramos en dichas publicidades suelen ser un interesante medio de ahorro.

▸ Otra forma de informarnos será a través de las publicaciones comerciales o de Internet.

producción, pueden llegar a alcanzar precios realmente muy interesantes.

▸ Muchos productos, sobre todo las verduras y las frutas, suelen ponerse en oferta debido a que tienen mala apariencia, lo que no significa que sus cualidades nutritivas sean malas.

## MÁS BARATO TODAVÍA: LAS MARCAS BLANCAS

Hasta que no llegó de una forma generalizada la implantación de los grandes centros comerciales, era habitual asociar un alimento que deseábamos comprar a una marca determinada.

Sin embargo, cada vez son más las personas que optan por adquirir productos sin marca, también denominados de marca blanca, que nos ofrecen múltiples supermercados e hipermercados.

Evidentemente, siempre hay quien cuestiona la calidad de los citados productos; sin embargo, no hay motivo para dudar, ya que todos llevan en su envase el nombre del establecimiento, gesto que sirve para avalar lo que se vende y, a su vez, responsabilizarse de ello.

Según estudios realizados por centros de consumo, comprar marcas blancas puede suponer hasta un 40 por ciento de ahorro del importe total de la compra. Sin embargo, esta condición no es aplicable para todos los productos, ya que en algunos hipermercados nos ofrecen algunos más baratos pero otros más caros, lo que nos indica que siempre debemos comparar los precios.

Muchas personas se preguntan por qué los productos sin marca son más baratos. La respuesta es clara: la ausencia de publicidad, porque un 15 por ciento del precio de los artículos que adquirimos va destinado a sufragar este tipo de gastos. Además la publicidad es la misma que la del centro comercial.

El inconveniente de este tipo de productos es que no suelen estar al alcance de aquellas personas que, tanto por problemas de tiempo como por comodidad, realizan sus compras a través de Internet, ya que las marcas blancas no suelen estar presentes en la venta on-line.

## AHORRAR COMPRANDO CONGELADOS

De todos los alimentos que consumimos en muchos lugares apenas una tercera parte se compran congelados, a pesar de que el precio es ostensiblemente más bajo. ¿A qué se debe este hábito? Posiblemente a la creencia de que los productos frescos son de mayor calidad y con mejores virtudes nutritivas.

Esta opinión generalizada no es del todo cierta, ya que la mayoría de los establecimientos que se dedican a la venta de estos productos trabajan con garantías de que, al aplicar correctamente la cadena del frío, no se pierden las propiedades de los alimentos.

▶ Al margen de las cualidades citadas hasta ahora, los productos congelados son casi siempre más baratos que los fres-

### CONVIENE SABER QUE...

Si somos usuarios de productos suministrados a domicilio, será aconsejable que recojamos los folletos de publicidad que se depositan en los buzones y que dispongamos de cuantas más empresas de servicios mejor, ya que sólo así podremos escoger quién nos da más por menos dinero.

cos, pudiendo llegar a suponer un ahorro del 40 por ciento del precio con respecto a los alimentos frescos.

▸ Al comprar congelados es mejor hacerlo a granel en lugar de adquirirlos envasados. El precio aumenta debido a la manufactura, y suele servirse en pequeñas cantidades, por lo que se hace difícil comprobar a cuánto estamos pagando el kilo del producto.

▸ Aunque las verduras congeladas y envasadas parezcan más caras que las frescas, esto no es así, ya que sirven el alimento sin desperdicios y están preparadas para ser cocinadas directamente. Es decir: pagamos por lo que realmente consumimos.

▸ Este aspecto sirve también para el pescado congelado y preparado. Según un reciente estudio realizado por la asociación de consumidores OCU, entre un 30 y un 40 por ciento del peso del pescado fresco que compramos son desperdicios (espinas, cabeza, vísceras, escamas) y, en algunos casos, como por ejemplo el rape, es de hasta un 70 por ciento. Al comprar congelados envasados y preparados, pagamos sólo por lo que cocinamos, y no por lo que tiramos a la basura.

▸ Aunque nuestra intención es fomentar el ahorro, no es aconsejable aprovechar las ofertas de alimentos frescos comprando grandes cantidades, para luego congelarlos. El congelador de nuestra casa nunca es tan bueno como los de uso profesional y realiza dicha función de manera deficiente, viéndose afectada la calidad del producto.

## ¿PODEMOS AHORRAR CON LA COMIDA PREPARADA?

Pese a que los expertos en dietética nos dirán que no es lo más recomendable, ¿quién no ha sucumbido a la tentación de descolgar el teléfono y encargar una pizza, unas alas de pollo, una ensalada o un helado, para comérselo media hora después?

Esta conducta, muy arraigada en algunos países, aunque parezca lo contrario, puede propiciar un ahorro en nuestros bolsillos. El motivo: sus ofertas y regalos. Veamos cómo:

▸ Con el fin de captar clientes, las empresas que sirven comida preparada a domicilio ofrecen muchas veces el clásico «llévese dos y pague uno».

▸ También es habitual que, al hacer un encargo, la empresa nos sirva gratuitamente el postre, las bebidas o una ensalada.

▸ Las más imaginativas entregan a sus clientes entradas para espectáculos o parques de atracciones.

▸ En casi todas las ciudades existen establecimientos que nos ofrecen menús ya preparados muchísimo más baratos que los restaurante y algo más que los que se sirven a domicilio. De cuando en cuando merece la pena recurrir a dichos centros comerciales, ya que con un plato ya cocinado ahorramos: ir a comprarlo, el gas, electricidad y elementos imprescindibles para su preparación.

# 04

## ELEGANTE, PERO AHORRATIVO

Es evidente que resultará bastante complejo estar a la última moda y conseguir ahorrar a un tiempo; claro que no hay casi nada que sea imposible. Desde luego si lo que pretendemos es lucir el último modelito y, además, hacerlo en la temporada, tenemos todas las de perder, de perder dinero se entiende. En cambio, lo que sí podremos hacer es, al margen de aprovechar las épocas de rebajas, intentar vestir según un estilo propio y al tiempo acorde con los tiempos que corren.

Ahorrar en las prendas de vestir no significa ir mal vestidos o vestir de forma anticuada. Como en tantos otros aspectos, implicará saber comprar, hacerlo de forma meditada y no compulsiva, al margen de estableciendo las prioridades necesarias. Por supuesto, como iremos viendo en este interesante capítulo, también podremos recurrir a otras estrategias.

La fórmula de ahorrar dinero comprando en época de rebajas es un hábito muy extendido en ciertos países, hasta el punto de que podríamos hablar de un acto que está íntimamente arraigado en la cultura del consumo de los países desarrollados. Sin embargo, es importante prestar atención a unos cuantos aspectos, para evitar que en la búsqueda de descuentos nos den gato por liebre.

## UNA ESTRATEGIA BÁSICA: APROVECHAR LAS REBAJAS

Los periodos de rebajas suelen coincidir con el final de las temporadas de ventas estacionales, y ofrecen productos cuyo descuento va de un 10 a un 80 por ciento, según el establecimiento y el producto. La gran mayoría de los comercios concluyen el periodo de rebajas realizando lo que se denomina segundas rebajas, es decir, realizan un descuento a productos que ya salieron a la venta con el precio rebajado. Por tanto, merece la pena esperar a que se produzcan estas segundas rebajas, ya que puedes comprar a un precio por debajo del 50 por ciento, aunque encontrarás un stock muy limitado.

Pese a todo lo dicho, debemos tener en cuenta que las rebajas no implican comprar lo que sea a un precio de ganga. Debemos hacer servir nuestros derechos de consumidores y exigir que los comercios cumplan las exigencias que marca la ley. En general, de cara a las rebajas procuraremos fijarnos atentamente en los siguientes aspectos:

▸ Cuando vayamos a comprar productos rebajados lo haremos con la mentalidad de que no estamos buscando una rebaja en la calidad, sino en el precio.

▸ En la medida de lo posible procuraremos saber cuál era el precio de la prenda antes de las rebajas. En muchos establecimientos la misma etiqueta del producto incluye dicha información.

▸ Podemos buscar en Internet o a través de las páginas amarillas lugares en los que vendan producto de ocasión o con taras. No debemos desconfiar, pero sí que debemos revisar perfectamente el producto antes de adquirirlo.

▸ La tara es un pequeño fallo de fabricación que puede ser que la prenda lleve una talla mal puesta, que le falten uno o varios botones, o un dobladillo descosido.

▸ Antes de comprar una prenda con tara debemos evaluar si podremos repararla o usarla de verdad para el fin con el que la hemos comprado, ya que de lo contrario sólo estaremos gastando dinero de forma inútil.

## RENTABILIZAR LA ROPA YA USADA

Cuando decidimos cambiar nuestro armario tenemos dos opciones: o guardamos en el olvido aquello que sabemos que no usaremos, o lo donamos o... lo vendemos. Desde luego ésta es una buena forma de rentabilizar una prenda que todavía esté en buenas condiciones.

Tanto si tenemos problemas con la talla como si la prenda no nos gusta, podemos informarnos sobre la posibilidad de vender el producto a una tienda de segunda mano; el comerciante la pondrá a la venta y quizá nos llevemos un interesante porcentaje de la operación.

## AHORRO EFECTIVO:
## PEQUEÑOS ARREGLOS Y RECICLAJE

El mundo del consumo ha visto renacer los establecimientos de arreglo de prendas de vestir. Se trata de unos locales en los que se puede, a un módico precio, hacer el dobladillo de un pantalón, reducir las perneras, arreglar cuellos y puños de camisas o reconvertir un abrigo en una chaqueta corta. Y si este negocio, que emula a las modistas de antaño, funciona, es gracias a la existencia de una demanda.

La población está más concienciada de la necesidad de ahorrar y, al mismo tiempo, cada vez son más las personas que se resisten a tirar a la basura una prenda de calidad sin darle una segunda oportunidad.

▸ Si no sabemos dónde localizar un establecimiento destinado a los arreglos, la mejor forma de informarnos de un servicio sustitutorio será preguntado en la tintorería más próxima a nuestra casa. Por norma general, sabrán indicarnos el nombre de alguna vecina que se dedique a estas labores en su domicilio o puede que incluso en dicho establecimiento tengan acordado con algún profesional del sector este tipo de servicio.

▸ Debemos consultar también los carteles de anuncios que aparecen en los comercios de la zona en la que vivimos, donde las personas que demandan trabajo ofrecen sus conocimientos en la reparación y arreglo de las prendas de vestir. Habitualmente las ofertas que encontramos en dichas publicidades suelen ser un interesante medio de ahorro.

▸ Otra forma de informarnos será a través de las publicaciones comerciales o de Internet.

## COMPRANDO MÁS BARATO:
## LOS MERCADILLOS

La mayoría de las poblaciones reciben la visita periódica de un mercadillo ambulante de ropa y calzado, que muchas veces es complementario al mercado de alimentación que también es itinerante. Conviene no despreciar este tipo de comercio, ya que en él podemos encontrar auténticas gangas y, desde luego, una forma de ahorrar muy interesante.

En los mercadillos sus comerciantes ofrecen productos a bajo precio, ya sea porque son clientes consolidados de pequeñas y medianas fábricas, a las que compran al por mayor grandes cantidades al cabo del año, o porque se nutren de los productos manufacturados en talleres de costura domésticos. Algunas de las ventajas del mercadillo son:

▸ Los establecimientos pueden ajustar los precios mucho mejor que los comercios fijos, ya que el coste de mantener la infraestructura de un puesto ambulante no es el mismo que el de una tienda estable tradicional.

▸ No suelen vender prendas o calzado de alta gama. Sus destinatarios son clientes a los que les basta una calidad media. Como contraprestación, puede darse el caso de que encontremos productos muy similares a los de las grandes

### CONVIENE SABER QUE...

Un pijama de caballero comprado en un establecimiento convencional cuesta un 25 por ciento más que otro comprado a través de catálogo.

marcas. En estos casos no hablamos de falsificaciones sino de imitaciones totalmente legales, aunque con otras marcas o algunos detalles de diferencia.

▸ Una de las ventajas de los puestos de los mercadillos es que, en la mayoría de las ocasiones, los comerciantes están dispuestos a aceptar un ligero regateo por parte del cliente y podemos llegar a pactar precios por paquetes o por grupos de compra.

## DE MARCA, PERO BARATO

Si disponemos de un poco de tiempo y de las ganas suficientes para ello, podemos comprar productos de marca que sean mucho más baratos que los que encontraremos en las tiendas convencionales, claro que para ello, para conseguir un ahorro, deberemos tener un poco de paciencia.

¿Es posible ahorrar dinero comprando ropa de marca? La respuesta es sí. La manera de hacerlo es acudiendo a los centros denominados *outlet*, que suelen estar situados en las periferias de las grandes ciudades.

Los complejos «baratos pero de marca» surgieron en los años 60 en Estados Unidos, cuando el aumento de demanda especializada obligó a los productores a acortar el ciclo de vida de sus productos en las tiendas para evitar tener un problema de excedentes. De este modo surgieron estas tiendas, donde primeras marcas venden sus mercancías sobrantes al público, con un descuento que puede llegar al 60 por ciento en determinados productos, garantizando calidad y autenticidad.

Uno de los motivos por los que las marcas se encuentran a un mejor precio suele deberse a que el coste de adquisición del producto es sensiblemente inferior para el comercio, ya que los excedentes derivados de grandes producciones generan costes que el fabricante prefiere evitar, como gestión y almacenamiento. Las primeras marcas optan por el canal *outlet* como medio para no tener más gastos, desprendiéndose de la mercancía a un precio muy competitivo.

▶ En los centros *outlet* tenemos la ventaja de que no sólo se encuentran excedentes de fábrica; dependiendo del centro, podemos hallar también productos que las marcas han decidido descatalogar, ya sea por su color, o por ser un modelo determinado.

▶ Las principales marcas del mercado están presentes en los *outlet;* cabe destacar entre ellas Donna Karan, Ralph Lauren, Calvin Klein, Timberland, Levi's, Reebok o Nike.

## A DISTANCIA, DESDE CASA Y BARATO: EL CATÁLOGO

La compra de ropa y complementos a través de un catálogo es un método antiguo y, por decirlo de alguna manera, se ha convertido en el antecedente de las actuales transacciones on-line a través de Internet.

Éstas son sus ventajas:

▶ Nos ofrecen comodidad. No tenemos que desplazarnos a un centro comercial, siendo un ahorro de tiempo y de dinero, ya que no debemos salir de casa.

▶ Los productos son bastante más baratos, ya que no es preciso mantener la estructura de un negocio en la calle.

▶ Es un sistema que suele gozar de credibilidad, ya que nos ofrece productos de calidad a un precio muy competitivo y que además ocasionalmente realizan campañas de oferta.

Si queremos comprar por catálogo debemos comenzar por ponernos en contacto con las empresas que se dedican a este tipo de comercio (lo más rápido es hacerlo a través de sus páginas web) y solicitar el catálogo de la temporada.

En ocasiones cuando contactamos con dichas empresas a través de un cliente suyo, tanto éste como nosotros podemos recibir un obsequio de bienvenida.

Una vez nos hayamos dado de alta en el comercio a distancia recibiremos en nuestro hogar el catálogo que hoy en día ya podemos encontrar por internet. Dado que tenemos a nuestro alcance muchos productos de una sola vez debemos tener en cuenta estas consideraciones:

**1.** Efectuaremos un primer vistazo general al catálogo, pero sin la intención de comprar o adquirir nada. Simplemente miraremos.

**2.** Realizaremos una segunda lectura ya más detenida prestando especial atención a aquellos productos que realmente neos pueden interesar.

**3.** Compararemos el precio del producto escogido con los precios de nuestro comercio habitual, ya que sólo así sabremos si estamos haciendo o no una buena compra.

Una vez hayamos escogido qué queremos tendremos que rellenar un sencillo formulario en el que deberemos detallar la cantidad, el código y la talla de la prenda que pretendemos adquirir. Para realizar el pago podremos optar por las tarjetas electrónicas (las aceptan todas), o hacerlo contra reembolso. Algunas empresas realizan una pequeña recarga en el precio si se escoge este último sistema.

# 05

## TECNOLÓGICO Y AHORRATIVO

Concebir una casa sin electrodomésticos resulta cuanto menos impensable. Aunque el tiempo de lo domótico todavía nos queda un poco lejos, cada vez más en la casa tenemos pequeños y grandes aparatos que tienen la misión de facilitarnos la vida y que terminan por convertirse en indispensables.

Como norma general una casa precisa unos electrodomésticos básicos o de primer nivel, como pueden ser la nevera, lavadora, lavavajillas, microondas y televisión. Todo sin contar con el cada vez más necesario ordenador. En una segunda línea tendríamos pequeños aparatos como los robots de cocina, las aspiradoras, planchas, aparatos audiovisuales, etc. En este segundo grupo muchos de los aparatos tienen una utilidad relativa y antes de adquirirlos debemos pensar en el uso real que les vamos a dar.

A veces nos dejamos llevar por la seducción de lo tecnológico con poco sentido y compramos sin necesitar. Un ejemplo es cuando subyugados por los aparatos nos dejamos encandilar por ellos y terminamos por comprar cuatro diferentes sin caer en la cuenta que tal vez existe uno sólo que hace las mismas funciones.

Un caso similar sucede con los ordenadores. Muchas veces la falta de previsión en el futuro o el simple hecho de comprar con un presupuesto bajo puede hacer que al cabo de poco tiempo nuestro aparato se haya quedado anticuado y debamos empezar a realizar ampliaciones que siempre resultarán más caras.

Tanto en el caso de los ordenadores como en el de la mayoría de los electrodomésticos, antes de comprar debemos pensar qué necesitamos de verdad y qué utilidad le daremos. ¿Para qué queremos un cuchillo eléctrico de cocina si lo vamos a utilizar un par de veces al año? ¿Qué sentido tiene comprarnos una báscula digital si casi nunca pesamos los alimentos? ¿Realmente necesitamos un ordenador con DVD si ya tenemos dicho reproductor en el salón? Comprar con sentido implica dejar a un lado las modas, las corrientes de consumo y ser realistas, adquiriendo sólo lo que verdaderamente necesitamos. Eso sí, al comprarlo, haciéndolo con previsión de futuro para que las cosas no se nos queden anticuadas antes de una hora.

## LA VENTAJA DE LAS GRANDES CADENAS

Por definición, la pequeña tienda de electrodomésticos del barrio siempre será más cara que una gran superficie y además hallaremos un limitado surtido de productos. La compra de electrodomésticos suele ser más económica cuando se realiza en establecimientos pertenecientes a grandes cadenas de implantación regional o nacional que además suelen tener las denominadas segundas marcas, es decir aparatos que son fabricados por una marca de calidad pero no llevan la marca más popular sino una diferente, más barata, aunque no tan popular. Éstas son algunas de las ventajas de las grandes superficies:

▸ Nos ofrecen precios más atractivos gracias a que su volumen de ventas les permite cerrar tratos con las marcas proveedoras en condiciones muy ventajosas, y ello provoca que estas tiendas tengan un mayor margen de maniobra a la hora de ajustar sus costes.

▸ Debemos fijarnos en los cambios de temporada, ya que las grandes cadenas suelen hacer promociones periódicamente, como por ejemplo la venta de equipos de aire acondicionado en los meses de invierno, que conllevan descuentos de hasta un 20 por ciento o aparatos de calefacción en verano.

▸ En ocasiones en estos centros se incentiva, con sustanciales rebajas, la renovación de los electrodomésticos del hogar. Lo hacen descontando una parte del precio de los aparatos nuevos a cambio de la entrega de los viejos.

▸ En los grandes centros encontraremos amplísimos surtidos de pequeños aparatos que equipan el hogar y que son los que habitualmente tienen más descuentos.

## LA VENTAJA DE LAS MARCAS SIN MARCA

Del mismo modo que muchos consumidores compran prendas de vestir sin que sean de una marca determinada, en el sector de los electrodomésticos existe también la posibilidad de adquirir aparatos de las denominadas segundas marcas. No debemos tener temor ni animadversión hacia estos productos. Es cierto que quizá su nombre no nos suene tanto, pero lo importante es quién los ha fabricado y no tanto el nombre que les ha puesto. Éstas son algunas de las ventajas de las «marcas sin marca».

▸ Acostumbran a tener un precio que suele ser entre un 20 y un 40 por ciento más barato que la primera marca: ello, por supuesto, estableciendo comparaciones entre aparatos de similares prestaciones.

▸ La esperanza de vida de estos productos es igual o superior a la de los de calidad media, aunque muchas veces su diseño no suele ser tan ostensible como la primera marca.

▸ La mayoría de las segundas marcas se fabrican en Taiwan, China y Singapur, mercados muy competitivos que ajustan el precio gracias al bajo coste de la mano de obra.

## LA OPCIÓN CON TARA, TODAVÍA MÁS BARATA

Muchas personas todavía piensan que los electrodomésticos con tara pueden ser un problema; al contrario, puede que presenten algún pequeño defecto pero en esencia funcionarán igual que si fueran nuevos.

Comprar un electrodoméstico supone siempre un desembolso engorroso, ya que, casualmente, los frigoríficos, las lavadoras, las secadoras y compañía se estropean en el momento más inoportuno. Cuando llega el momento de cambiarlos, debemos pensar en nuestra economía y saber que existe una manera de adquirirlos nuevos, pero a un precio mucho más económico que el del mercado: comprarlos con una pequeña tara que puede ser una pequeña abolladura, una raya, una decoloración producida por el lugar en el que estuvo expuesto en el escaparate, etc. Pero ello no quiere decir que el aparato no funcione, ya que además siempre suele someterse a una revisión técnica. Algunas ventajas:

▸ En muchas ciudades, e incluso por Internet, encontraremos tiendas que nos ofrezcan estos productos que se presentan como descatalogados o con tara, pero no de segunda mano.

▸ En algunas ocasiones, casi siempre antes de una reforma del local o tras un cambio de exposición, se producen ofertas de este tipo de productos. Conviene pues preguntar a los comerciales.

▸ La mayoría de electrodomésticos con tara suelen ser de línea blanca. En cambio, los de línea marrón, que se venden más baratos, suelen ser modelos descatalogados que el fabricante acaba de renovar con un diseño nuevo y considera al anterior demasiado anticuado para la venta.

▸ Las taras suelen ser golpes o rasguños realizados durante el traslado de la fábrica al comercio. En algunas ocasiones, al instalarlos en casa no se aprecia el defecto, ya que queda disimulado por un mueble o pared. No obstante, antes de adquirir el aparato debemos verificar su estado.

▸ Debemos saber que cuanto mayor sea la tara, mayor será el descuento sobre el aparato y que debemos exigir una garantía por el mismo.

## VÍDEO Y DVD:
## QUE LA IMAGEN NO SEA UN PROBLEMA

Muchas personas ocupan su tiempo de ocio sentadas cómodamente en el sofá de su casa y viendo una película. La mayoría de ellas opta por conseguir su filmografía siguiendo el tradicional sistema de acudir a un videoclub y alquilarla por un periodo de tiempo. Sin embargo, también hay quien desea formar su propia videoteca y coleccionar aquellas películas que, por el interés que le despiertan, verá en más de una ocasión a lo largo de su vida. Para este tipo de usuario, la compra de cintas de vídeo supone un desembolso importante, y en el caso de querer adquirir un DVD puede resultar hasta prohibitivo. Veamos pues de qué manera podemos lograr mantener nuestra calidad de ocio junto a la una buena calidad de economía.

## CONVIENE SABER QUE...

Aunque los reproductores de DVD cada vez son más baratos, quizá debemos tener en cuenta las ofertas que nos pueden hacer en determinados comercios sobre los pack tecnológicos. Así, vemos que en ocasiones al comprar un home cinema se nos regala un DVD o al revés. Otras veces con la adquisición de un televisor podemos obtener gratis, o por muy poco dinero más, un DVD.

En el caso que no tengamos ordenador y tampoco DVD, no debemos comprar dos reproductores de imagen. Por lo general los que van incorporados en los ordenadores son más baratos que los DVD de salón, y mucho más sin son grabadores. Ahora bien, debemos valorar las posibilidades de compaginar el uso de ambos aparatos. Sería un error comprar un ordenador con DVD grabador pensando que cuando deseemos ver una película trasladaremos el ordenador al salón y, al cabo de un tiempo, darnos cuenta que resulta muy engorroso su traslado y que tenemos que acabar por comprar otro reproductor de DVD.

▶ En general comprar una cinta de vídeo es mucho más barato que comprar un disco DVD, debido a que el primero pertenece a una tecnología antigua —hay quien dice que está cerca su desaparición—, que no ofrece las prestaciones que tiene la segunda.

▶ Un lugar idóneo para encontrar cintas de vídeo a muy buen precio son los grandes videoclubes. Estos establecimientos están apostando por la tecnología DVD y ya están liquidando las existencias de cintas.

▶ En las grandes tiendas de imagen y sonido, los hipermercados y los grandes almacenes, poseen cintas almacenadas y desean deshacerse de ellas. Debemos estar atentos, puesto que podremos adquirir películas a un buen precio.

▶ Los quioscos suelen ser los segundos puntos de venta de cintas de vídeo del mercado. Debemos prestar atención porque en ellos podemos encontrar alguna que otra ganga.

Aunque cada vez su implantación es mayor, el DVD, al tratarse del sistema de reproducción más completo que existe en el mercado, tiene todavía un precio elevado. Para conseguir estos discos a buen precio debemos acudir a las grandes superficies y a los supermercados culturales. Son, la mayoría de las veces, hasta un 20 por ciento más económicos. Por supuesto, observaremos también qué nos ofrecen en los periódicos y navegaremos con frecuencia por Internet, ya que podemos comprar películas totalmente legales con un sustancial descuento.

▶ Evitaremos las campañas de novedades. Cuando se produce un gran lanzamiento o uno que era ansiosamente esperado, el precio se incrementa y, curiosamente, a veces a los pocos días o un mes después el producto ha bajado.

▸ Recordemos que las campañas de márketing están pensadas para hacernos comprar y suele suceder que en las grandes producciones nos vendan primero la película y meses después la edición especial, que ofrece más contenidos. Para no gastar dinero en balde siempre será más barato alquilar la película y comprarla sólo cuando esté a la venta la edición especial.

## LA INFORMÁTICA TAMBIÉN PUEDE SER MOTIVO DE AHORRO

Una buena opción de ahorro a la hora de comprar un ordenador personal consiste en adquirir un equipo clónico en lugar de optar por uno de marca. La diferencia de precio puede llegar al 50 por ciento, hecho que ha provocado la popularización de la informática.

Entendemos como ordenador clónico aquel que ha sido fabricado por una empresa pequeña o mediana, dedicada a la compra o importación de componentes desde países productores como China, Taiwan y Corea, y que se ha especializado en ensamblarlos con distintas configuraciones. La procedencia de

### CONVIENE SABER QUE...

Una caja de 10 unidades de CD grabables, de marca, puede costar·el mismo precio que 25 unidades del mismo producto, pero de marca blanca. De la misma forma debemos tener en cuenta que comprar packs de 10 o 25 unidades siempre saldrá mucho más barato que comprar los CD de uno en uno.

los componentes, ya sea para un ordenador clónico o para uno de marca, suele ser la misma. Sin embargo, un hecho que encarece los equipos de marca son los múltiples controles de calidad a los que las grandes empresas someten sus productos.

## Algunas ventajas

▶ Los equipos clónicos son más baratos que los de marca que ya vienen configurados. Además, cualquier ampliación de uno configurado suele ser más cara que la de uno clónico.

▶ Los clónicos son a medida de nuestras necesidades y, al tratarse de piezas sueltas, podemos tener una máquina muy potente y avanzada a su tiempo, que si fuera de marca costaría el doble.

## Ahorrando con algunos componentes

Una de las cruces que deben soportar los usuarios de la informática es la constante inversión que tienen que hacer en sus

### IMPRESIÓN COMPATIBLE

En el campo de los cartuchos de tinta de las impresoras, o del papel especial para impresión, existen industrias dedicadas a la fabricación de productos compatibles. Valga, a título de ejemplo, que un cartucho de tinta para una impresora puede ser entre un 40 y un 60 por ciento más barato si no tiene la misma marca que la impresora. Eso sí, debemos saber que la mayoría de los fabricantes se negarán a cubrir la garantía si detectan que no hemos utilizado consumibles homologados.

equipos, ya sea en la compra de periféricos (escáner, impresora) o de consumibles (papel especial, cartuchos de tinta).

Existen diversas opciones para ahorrar algún dinero por las compras de este material, aunque el mejor consejo que se puede dar es el de mirar y comparar precios antes de adquirir nada.

▸ Ante la compra de una impresora o de cualquier otro tipo de periféricos, es aconsejable acudir a las segundas marcas. La mayoría ofrecen buenas prestaciones y resultan hasta un 40 por ciento más económicas que las grandes firmas.

▸ Generalmente las ofertas de ordenadores no incluyen los monitores. Es aconsejable comprar la torre por un lado y los periféricos, como teclados, ratones y, por supuesto, monitores, por otro. Será más incómodo y supondrá invertir en tiempo, pero lo ganará en ahorro.

▸ Las principales tiendas de informática, así como los hipermercados y supermercados culturales, ofrecen consumibles cuyo nombre figura en el envase; son las denominadas «marcas blancas de la informática». Estos productos gozan de una gran calidad y pueden ser hasta un 70 por ciento más baratos que sus similares de las principales marcas.

## Ahorrando con los consumibles

Debido a que los productos informáticos están en constante evolución, las renovaciones de equipos son también continuas. Por ello, muchas personas que deciden sustituir un periférico antiguo por un nuevo modelo, venden el viejo en el mercado de segunda mano, para, de este modo, sufragar una parte de la nueva adquisición. De este hecho debemos extraer dos lecturas: que podemos poner a la venta, por ejemplo, nuestro viejo monitor y quizá comprar otro de segunda mano mejor que el nuestro, pero más barato que en la tienda.

▸ Localizar equipos informáticos en establecimientos de segunda manos es relativamente fácil. Conviene, sin embargo, no comprar por impulso. Debemos comprar sólo lo que necesitamos, no las ofertas.

▸ Acudir a las tiendas de segunda mano con cierta frecuencia es la mejor manera de encontrar aquello que buscamos a buen precio, ya que el género de este tipo de comercios se suele renovar con mucha más frecuencia que en otro tipo de establecimientos especializados en novedades.

▸ Algunas tiendas de informática tienen espacios destinados a la compra-venta de equipos, periféricos y componentes de segunda mano. Suelen estar a muy buen precio, lo que provoca que desaparezcan rápido.

## El precio del software

Si disponer de un ordenador ya es de por sí caro, que además tenga los programas que necesitamos o que sean interesantes, puede ser un auténtico derroche. En primer lugar, a la hora de comprar un aparato debemos ver qué nos regala el comerciante. A veces por un poco más es cierto que el ordenador será más caro, pero incorporará numerosos elementos que resultarán muy útiles para su manejo.

Si pese a todo precisamos programas, intentaremos instalar aquellos que tienen un coste cero, obteniendo programas gratuitos, los denominados shareware y freeware. Los programas shareware de libre distribución pueden ser copiados con absoluta libertad. Esto es posible gracias a que sus creadores los facilitan al usuario a modo de evaluación. Sin embargo, tienen un inconveniente: en un plazo de 15 o 30 días la mayoría dejan de funcionar si no se compran, claro que la opción de hacerlo suele ser más barata.

Por lo que se refiere a los programas de condición freeware, son de libre distribución y gratuitos, no tienen fecha de caducidad y pueden utilizarse indefinidamente. Para obtener tanto unos como otros debemos recurrir bien a las revistas de informática o a Internet.

## Reciclar antes de comprar

Un ordenador nuevo suele tener un coste elevado; quizá antes que vender el nuestro y acabar comprando otro, podemos efectuar ciertas remodelaciones y ajustes que siempre serán más baratos que la adquisición de un equipo totalmente nuevo. Veamos algunas consideraciones.

▶ Verificaremos el tipo de hardware nuevo que podrá soportar el ordenador y que sea compatible con la placa base, uno de los componentes caros de la máquina.

▶ Si deseamos más velocidad, debemos cambiar el procesador, pero podemos evitarlo y ganar algo más de rapidez adaptando unas placas adicionales de memoria RAM, sin por ello cambiar toda la máquina.

▶ Verificaremos cuántas ranuras de memoria tenemos disponibles y, antes de efectuar una compra y buscar el mejor precio, tendremos en cuenta que no todas las memorias son iguales. Debemos pues buscar asesoramiento.

▶ Los precios del mercado de la RAM fluctúan y se establecen en base al dólar; de un día a otro el precio del producto puede variar notablemente.

▸ Lograremos más rendimiento del monitor buscando tarjetas gráficas superiores y compatibles o aceleradoras. Aunque no ganemos en pulgadas sí lo haremos en definición y por tanto ahorraremos un gasto importante.

## Ganando espacio y rendimiento

Sin dinero, invirtiendo sólo un poco de tiempo y con bastante paciencia, podemos lograr que el ordenador funcione más deprisa y que tenga más espacio. Si la máquina es lenta y los procesos de ejecución de los programas no dan el resultado esperado, antes de modificar componentes verificaremos las instalaciones de programas y los residuos; ello puede ser una primera medida para ganar en prestaciones sin tener que invertir más dinero. Al margen, desfragmentaremos con periodicidad al disco duro. Otras medidas son:

▸ Vaciaremos siempre la papelera y eliminaremos los archivos temporales de Internet, al menos una vez por semana. Ahorraremos muchas megas de espacio en disco.

▸ Comprobaremos cuántos programas hay residentes y eliminaremos aquellos que han quedado obsoletos o que no se usan.

▸ Verificaremos qué se activa cuando conectamos el ordenador, seguramente encontraremos muchas aplicaciones inútiles que por dejar de funcionar no afectarán a un buen rendimiento de la máquina.

▸ En la pestaña de propiedades o personalización de la mayoría de aplicaciones, encontraremos la opción de no activar al inicio o no incluirlas en el escritorio. Si la máquina es lenta o un poco justa, cuantos menos iconos de acceso directo haya en el escritorio y en el inicio tanto mejor.

▸ Las personalizaciones hacen más agradable el trabajo, pero los sonidos, protectores, etc., lentifican los procesos.

En la actualidad encontramos discos duros de muchísimas gigas de capacidad. Una opción interesante de cara al almacenaje de material es comprimirlo; la otra, eliminar todo aquello que no sirve y disponer de ello en un CD, siempre será más barato que cambiar el disco duro.

Veamos algunos sistemas de ahorro de espacio en disco:

▸ Las fotografías y gráficos suelen ocupar bastante espacio, mucho más que los simples textos. Debemos grabarlos en CD con una buena resolución y sólo tener en el ordenador y a baja resolución aquellos que sean indispensables.

▸ Los formatos tiff y bmp ocupan mucho espacio. Las imágenes en jpg ofrecen una compresión perfecta y una buena

### CONVIENE SABER QUE...

Aunque Internet no es la panacea de los buenos precios, a veces encontraremos en la red auténticas gangas. No estará de más visitar con cierta frecuencia las tiendas on-line dedicadas al mundo del bebé. Suelen ofrecer productos hasta un 25 por ciento más baratos, y algunas, en función del importe de la compra, no cobran los gastos de envío.

Incluso en la compra por Internet podemos optar por segundas marcas, sobre todo a la hora de comprar, por ejemplo, un cochecito. Una segunda marca puede suponer un ahorro de alrededor de un 40 por ciento.

calidad de visionado, aunque pueden ocupar mucho menos que las de las extensiones ya citadas.

▸ Eliminaremos del computador cuantos sonidos marcados como .wav encontremos y que no sean imprescindibles para el correcto uso de un programa.

# 06

## ECONOMÍA E HIJOS, UN MUNDO AL MARGEN

Dejando a un lado aquel dicho de que la llegada de un niño se produce con un pan bajo el brazo, lo cierto es que tener un hijo deseado y meditado siempre es motivo de alegría, claro que también de gastos. La ilusión, las ganas y el deseo por la experimentación de nuevas situaciones hacen que muchas veces con respecto a los hijos estiremos, como se dice vulgarmente, más el brazo que la manga. Llega un momento en que si no llevamos un cierto cuidado el presupuesto, al margen de no corresponderse con la realidad, se ha desbaratado totalmente.

A lo largo de este capítulo veremos de qué forma podemos disfrutar de la llegada de nuevos hijos a nuestra familia sin que ello represente un contratiempo. De igual forma podremos verificar qué otras medidas podemos llevar a cabo a medida que van creciendo. No hace falta llegar a afirmar aquello de que los hijos son un gasto sin fin o un pozo sin fondo. Debemos ser conscientes de que son un miembro más de la familia y que ello implica que deberemos atender a sus necesidades como sucederá con cualquier otra persona.

Algunos de los trucos que hemos explicado en capítulos anteriores servirán para que todo sea más llevadero, pero hemos considerado indispensable un capítulo especial destinado sólo a los hijos: su educación, su tiempo libre y el gasto que todo ello acostumbra suponer.

## LLEGA EL RECIÉN NACIDO

Todos estamos de acuerdo en que con los productos imprescindibles para el cuidado del recién nacido no se juega. No ha lugar escatimar calidad para ahorrar dinero. Sin embargo, es posible gastar menos y ofrecer lo mejor al bebé.

Éstos son algunos consejos para llevarlo a cabo:

### Las inversiones en pañales

Pasaremos un buen tiempo destinando parte del presupuesto económico semanal al gasto de los pañales. Es algo inevitable, pero no por ello debemos caer en el error de comprar cualquier cosa.

### CONVIENE SABER QUE...

De cuando en cuando deberíamos darnos una vuelta por el quiosco, ya que casi todas las revistas sobre el tema infantil regalan muestras de productos. A veces se trata de marcas nuevas o segundas marcas que, al estar empezando a salir al mercado, son sensiblemente más baratas que otras.

Los pañales deben ser un gasto a asumir por parte de los padres, ya desde el mismo momento del embarazo; claro que cuánto más económicos los podamos obtener mucho mejor, eso siempre y cuando no por ello sean de mala calidad.

▸ Los mejores precios de pañales lo obtendremos si acudimos a comprarlos en hipermercados o en tiendas especializadas. Como en tantas otras cosas, estos establecimientos ofrecen precios prácticamente sin competencia.

▸ En lo posible debemos evitar la compra de pañales en las farmacias donde son mucho más caros y en definitiva seguramente encontraremos casi las mismas marcas. Debemos reservar los pañales de farmacia sólo para causas de fuerza mayor.

▸ Existen muchas marcas y, en teoría, las más caras son las mejores, pero esto no es del todo cierto. Lo mejor para escoger adecuadamente una marca es preguntar a personas cercanas, ya sean familiares o amigos, sobre la marca que utilizan ellos.

▸ Antes de optar por una marca secundaria económica contrastaremos su calidad preguntando, por ejemplo, a los responsables de una guardería o jardín de infancia, puesto que dichos centros conocen bien la mercancía.

## Ahorrando en dinero, pero no en higiene

Sin lugar a dudas, algo tan delicado como la piel del bebé no merece experimentos. Sin embargo, no hay que ocultar que los productos para el cuidado del bebé son caros, pero no podemos arriesgarnos a usar un producto excesivamente barato o de dudosa credibilidad por el hecho de ahorrarnos un poco de dinero.

▶ Debemos analizar las muchas marcas que hay en el mercado y viendo la composición del producto, después de comprobar que es idéntica a la marca cara, escogeremos aquella que es más económica.

▶ Si vemos una marca anómalamente barata, procederemos a pedir la opinión de nuestro pediatra sobre ella. No necesariamente se tratará de un mal producto, pero antes de utilizarlo debemos asesorarnos.

▶ La mejor forma de ahorrar dinero con los productos de higiene será recurriendo a marcas secundarias, o poco publicitadas, que además compraremos en hipermercados, puesto que siempre será la opción más económica.

▶ Debemos saber que en las parafarmacias y en centros alternativos seguramente encontraremos muchísimos productos naturales, verdaderamente interesantes. Sin embargo, debemos tener en consideración que los productos «muy» naturales, también son «muy» caros con respecto al resto.

## Ahorrando en la alimentación

Es evidente que nuestros hijos deben estar bien alimentados, más todavía cuando están en una etapa tan delicada como los primeros meses. Los alimentos infantiles tampoco escapan a la dictadura de las marcas. Comprarlos en los hipermercados es lo más aconsejable; de todas formas debemos dejar que sea el pediatra quien nos oriente sobre la calidad de los productos que podemos encontrar en ese tipo de establecimientos.

▶ Las farmacias y centros excesivamente especializados siempre serán más caros que los supermercados o que las grandes superficies y en cambio las marcas serán las mismas.

Por tanto debemos acudir a la farmacia sólo en caso de emergencia, si es que de verdad pretendemos un notable ahorro al cabo del año.

▸ El sistema más barato, aunque menos cómodo y que supondrá el empleo de más tiempo, será llevar a cabo las papillas de forma casera.

## Los complementos: una gran fuente de gastos

Hay quien dice que la llegada de un bebé supone una alegría de tal magnitud que, en ocasiones, se pierde el mundo de vista. Esta afirmación, que a todas luces es cierta, es uno de los trucos que utilizan muchos comercios para vender los productos que resultan imprescindibles para un recién nacido a precios desorbitados, y que los padres terminan por comprar a causa de la ilusión.

Sirvan, para contrarrestar, unos consejos que nos ayudarán a ahorrar dinero en la compra de complementos para el bebé y a no seguir hábitos compulsivos o excesivamente deslumbrantes, pero que a nada conducen.

▸ Debemos aprovechar todas las ocasiones posibles para ahorrar dinero gracias a la generosidad de los demás. Cuando llegue el momento en que nos preguntarán qué necesitaremos para el bebé, debemos actuar con organización y no improvisar.

▸ Durante el embarazo será aconsejable efectuar, sin rubor ni falsos sentimientos de vergüenza, una batida entre los amigos y familiares que han tenido niños recientemente, a fin de solicitarles que nos donen algún que otro elemento para nuestro hijo. Posiblemente observaremos con cierta sorpresa que a muchos de los amigos o familiares les ilusiona ver cómo nuestras criaturas llevan aquellas ropitas que sus hijos sólo usaron durante un corto lapso de tiempo.

‣ Si un familiar o un amigo nos ofrece ropa u otros artículos que han sido utilizados por sus hijos, no los debemos rechazar. Son prendas prácticamente nuevas debido a que los recién nacidos crecen espectacularmente y apenas han sido usados. Por ejemplo, una ranita de la talla de un bebé de un mes apenas se utiliza en tres ocasiones.

‣ Otra opción que no deberíamos descartar es acudir a tiendas especializadas en la venta de complementos del bebé de segunda mano. En este tipo de establecimientos podremos adquirir productos seminuevos (como por ejemplo cochecitos, cunas, bañeras) en perfecto estado de conservación.

## Una misión durante el embarazo

Mientras nos encontramos en estado de buena esperanza debemos aprovechar para efectuar una serie de análisis sobre los precios del mercado. La época será adecuada para cotejar los precios de los productos que próximamente vamos a adquirir. Será aconsejable establecer comparaciones de precios entre centros especializados e hipermercados; observaremos que existe una sustancial diferencia de precios.

Aunque es evidente que a todos nos gusta ir a la moda, podemos conseguir ahorrar bastante dinero comprando productos que están a punto de ser descatalogados. Los cochecitos, los cucos y la silla de coche están en constante renovación, por lo que será fácil encontrarlos más baratos en grandes superficies especializadas.

‣ Debemos efectuar una lista de todo lo que vamos a necesitar, organizando el equipamiento que precisará el bebé por grupos, diferenciando claramente entre prendas de ropa, complementos, juguetes, etc.

▸ Cuando efectuemos la búsqueda de dichos productos actuaremos de forma organizada, evitando precipitarnos en la compra. Siempre será más interesante que primero hagamos una batida para conocer los precios y la calidad de los productos y que después procedamos a comprar.

▸ Paralelamente a las acciones anteriores, debemos contemplar también los regalos y presentes con que la familia y los amigos nos obsequiarán. Debemos tomar nota de todo ello para efectuar todavía mucho mejor una previsión de gastos.

## QUE LAS PRENDAS DE ROPA
## NO SEAN UN PROBLEMA

Vestir a los niños supone un gasto considerable en el presupuesto familiar, ya que, como es lógico, están en continuo crecimiento y las prendas del ropero van quedando guardadas, a favor de tallas superiores. Si lo que deseamos es reducir el dinero que cuesta la partida para la compra de ropa y calzado de los hijos, debemos seguir medidas como las siguientes.

▸ Evitaremos dejarnos tentar por las marcas. Podemos encontrar modelos igual de interesantes, pero sin marca reconocida, a menos de la mitad del precio.

▸ Como para tantas otras cosas, debemos aprovechar al máximo las épocas de rebajas. Algunas cadenas de tiendas pueden llegar a ofrecernos, en algunos de sus productos, hasta un 60 por ciento de descuento.

▸ Es evidente que los niños crecen y que no podemos evitarlo. Por este motivo, y en la medida de lo posible, podemos aprovechar ofertas, aunque sea de ropa o zapatos superiores a la talla de nuestros hijos, ya que, tarde o temprano y sin lugar a dudas, terminarán por utilizarlos.

▸ Recordemos que la previsión de aquello que acontecerá en el futuro de nuestros hijos también es una buena arma para favorecer el ahorro. Prever implicará estar dispuestos a invertir, siempre con moderación, en aquello que por el momento tal vez no necesitamos.

▸ Si no tenemos prejuicios, debemos aprovechar las ofertas de los mercadillos ambulantes, sobre todo al final de cada temporada. Si nos acostumbramos a buscar un poco, encontraremos algunas prendas a precio simbólico.

▸ No debemos descartar comprar en las tiendas on-line que podemos encontrar en la red. Si efectuamos un cálculo general, llegamos a la conclusión de que este tipo de establecimientos pueden ofrecernos entre un 10 y un 20 por ciento de descuento en algunos de sus productos.

▸ No debemos rechazar la ropa usada que nos ofrezcan familiares y amigos. Sin embargo, sí debemos llevar un poco más de cuidado y mantener cierta resistencia a aprovechar zapatos de segunda mano, ya que están deformados por el uso y pueden ser nocivos para el desarrollo del pie de nuestros hijos.

## UN GASTO INEVITABLE: MATERIAL ESCOLAR

Los padres y madres de familia bien saben lo que cuesta la manutención de los hijos, sobre todo la partida correspondiente a los gastos de material escolar. Para todos ellos, aquí van unos consejos para poder ahorrar algo de dinero por este concepto.

▶ Ropa y calzado son los productos más caros a la hora de equipar a los niños para ir a la escuela, con un gasto que nunca es menor a 240 euros. Sin embargo, un acto como el de prescindir de las marcas puede ayudarnos a ahorrar hasta un 30 por ciento del coste de estos productos.

▶ Otra opción necesaria para ahorrar dinero consiste en diversificar este tipo de compras, en función de los precios de

## EL DATO A CONSIDERAR

Según un estudio comparativo realizado recientemente por la Confederación de Organizaciones de Amas de Casa, Consumidores y Usuarios, un kit completo, compuesto de mochila o maletín, juegos de libretas, juegos de lápices, bolígrafos y rotuladores, y otros elementos de escritorio, vale casi el doble si los elementos son de marca que si adolecen de ella.

Debemos ser consecuentes con lo que compramos. Nuestros hijos querrán la mochila de la última película de dibujos animados que han visto en el cine, rotuladores de moda, lapiceros que pueden tener vistosos colores externos, etcétera.

No se trata de ser rancios con el material escolar ni privar a nuestros hijos de una cierta alegría por aquello que estrenarán, pero debemos hacerles entender que en esencia todos los productos sirven para lo mismo y que la diferencia que hay de precio estriba en la marca o el diseño que presentan.

varios establecimientos. Comprar todo en un mismo centro es más cómodo... y caro.

▸ Escalonar las compras es también una buena manera de pagar menos. Comprando el equipaje y los complementos de un escolar con tiempo es más fácil encontrar productos rebajados.

▸ Curiosamente, antes de empezar el curso las tiendas hacen las tradicionales rebajas de verano. Merece la pena dedicar algunos días de las vacaciones a realizar alguna compra ventajosa, ya que vamos a encontrar productos que nos liberarán de las compras en temporada alta.

▸ Si no podemos aprovechar los libros de texto de otro niño, debemos averiguar qué cooperativas escolares los ponen a la venta, o qué gran librería de la ciudad los ofrece con mayor descuento. Con esta fórmula podremos ahorrar entre un 10 y un 20 por ciento del precio de los libros de texto.

▸ Las asociaciones de padres de alumnos más activas suelen solicitar a los padres que donen los libros usados de sus hijos para luego venderlos a precio simbólico a las familias con menos recursos. Si éste es tu caso, pregunta con toda naturalidad.

### CONVIENE SABER QUE...

Algunos establecimientos dedicados a la venta de juguetes regalan a sus clientes carnés de fidelización. Con ellos se pueden obtener ventajas —como la posibilidad de estar continuamente informado de sus ofertas— y acumular puntos de descuento por el importe de tus compras.

‣ Aprovecharemos las grandes superficies para adquirir materiales como cuadernos, lápices, etc. Son mucho más baratos que en las tiendas convencionales, y suelen ponerlos a la venta en packs económicos.

‣ Algunos grandes almacenes y tiendas especializadas ofrecen puntos de descuento por la compra de productos escolares. Merece la pena aprovecharlos para ahorrar en compras posteriores.

## JUGUETES:
## OTRO GASTO IMPRESCINDIBLE

Los juguetes son necesarios no sólo para el desarrollo físico, psíquico y social de los niños, sino también para que vayan formando con ellos su personalidad. Son un producto de obligada compra, sobre todo en determinadas épocas del año, aunque es posible ahorrar algunos dinerillos al adquirirlos; claro que para eso deberemos estar en condiciones de organizar de forma adecuada las compras y tendremos que actuar con cierta previsión.

‣ Procuraremos comprar juguetes durante todo el año, especialmente en las épocas en que son más baratos; es decir, lejos de las campañas navideñas. Lo ideal sería que tuviéramos una «reserva» de juguetes para no tener que comprar a última hora y a cualquier precio.

‣ Ante las campañas navideñas, intentaremos espaciar las compras y no las haremos todas a última hora, ya que de esta forma sólo conseguiremos acabar comprando más caro y casi sin criterio. Como en otros casos, lo mejor será programar nuestros gastos de forma juiciosa y objetiva.

▶ Debemos aprovechar las ofertas de las grandes superficies dedicadas a este sector. En los grandes comercios encontraremos las mejores ofertas y promociones.

▶ Aprovecharemos nuestras visitas a los hipermercados y grandes comercios para poder verificar qué hay en sus secciones de juguetería. Estos centros comerciales resultan ideales, sobre todo si lo que deseamos comprar son bicicletas, patines y productos similares, es decir, más deportivos que de juguete.

▶ Al igual que sucede con otros productos, tenemos que intentar recurrir a la compra de productos de segunda marca.

▶ En Internet podemos encontrar juguetes nuevos, procedentes de restos de stocks y que pueden llegar a ser hasta un 50 por ciento más baratos que en las tiendas convencionales.

Por supuesto, un juguete siempre es un premio, un regalo y también una herramienta para la formación de nuestros hijos, pero no por ello debemos dejar de educarles también al hacerles entrega de un juguete o al aceptar comprarles uno.

Cuando se desatan las desgarradoras y diríamos que agresivas campañas de compras de Navidad lo niños no saben qué quieren, sólo saben pedir y la mayor parte de las veces lo hacen por puro capricho o guiados por lo que han visto en un anuncio. Es aconsejable que antes de escribir la carta de petición de regalos a Santa Claus o los Reyes Magos, vean y toquen los juguetes en una tienda. De esta forma verán que lo que sale en televisión a veces es sustancialmente diferente de la realidad.

Otro aspecto a resaltar es que, en la medida de lo posible , debemos enseñar a nuestros hijos a querer y cuidar sus juguetes. No por el hecho de que en campañas como las anteriores reciban más de golpe significará que no los deben cuidar. Recordemos que cuanto mejor cuidado esté un juguete más durará, más se interactuará con él y menor será el gasto a medio y largo plazo.

## ACTIVIDADES EXTRA:
## ESOS OTROS GASTOS IMPREVISTOS

Entendemos las actividades extraescolares como aquellas que se realizan fuera del horario lectivo y con diversas finalidades, aunque casi todas ellas tienen una finalidad formativa.

Los padres inscribimos a nuestros hijos a cursos, excursiones, talleres, eventos deportivos, etc., con el fin de que reciban una formación complementaria a la educación académica, o bien para cubrir el horario en el que no estamos en casa por motivos laborales o personales.

El precio medio de estas actividades puede ser bastante elevado. Por tanto, antes de apuntar a nuestros hijos a una de ellas, valoraremos las siguientes circunstancias:

▸ Analizaremos si existe alguna alternativa, de las mismas características, que sea más económica.

▸ Siempre que sea posible, escogeremos la actividad que sea más cercana al domicilio o a la escuela. De esta forma ahorraremos en transporte.

▸ Debemos informarnos sobre las actividades que organiza el Ayuntamiento de la ciudad o los estamentos oficiales, ya que muchas de ellas pueden resultar, si no gratuitas, sí de muy bajo coste comparándolas con las que realizan los establecimientos de carácter privado.

# 07

# EL AHORRO EN LOS MEDIOS DE TRANSPORTE

Entramos de lleno en uno de los terrenos que puede suponer bastante dinero al cabo del año. Ya no se trata de ver la cantidad de dinero que nos podemos ahorrar si somos capaces de programar adecuadamente unas vacaciones, como veremos en otro apartado de este libro, sino que se trata del día a día.

Autobús, coche particular, taxis, trenes... Los medios de locomoción se han convertido en esenciales dentro de una sociedad industrializada y merecen que les centremos toda la atención que nos sea posible.

Como veremos en este capítulo, muchas veces no podremos evitar un desplazamiento o no podremos escoger entre usar el coche propio o un sistema de transporte público, pero cuando llegue dicho caso debemos estar preparados.

Para ir a trabajar, para acompañar a los niños a la escuela o por puro ocio, los transportes son necesarios y son una fuente de gastos. Todo ello sin contar con todos los extras que generalmente todos gastamos cuando realizamos un viaje o ruta que no estaba previsto.

Veamos pues cómo podemos enfrentarnos a todo ello de forma que nuestro bolsillo no se resienta más de lo estrictamente necesario.

## TRANSPORTE PRIVADO: EL VIAJE EN COCHE

No hay duda, el coche es el medio de transporte más popular del planeta. Utilizarlo para viajar puede resultar caro o barato, en función del número de ocupantes del vehículo y de la vía de comunicación que se utilice.

Desgraciadamente, el máximo coste se lo lleva el combustible; recordemos en este sentido que las marchas cortas gastan mucho más que las largas y que los acelerones bruscos sólo sirven para perder dinero por el tubo de escape.

Viajando o desplazándonos en coche, también podemos hablar de ahorro. Vemos algunos métodos para que salir a la carretera nos cueste menos.

### Aprovechar el espacio

▸ Una manera de realizar desplazamientos en coche a precio reducido, y que cada vez cuenta con más entusiastas y usuarios, consiste en ingresar en una serie de comunidades virtuales que se dedican a poner en contacto a personas que viajan a un mismo punto de destino.

▸ Si uno desea utilizar su propio vehículo, tan sólo ha de comunicar el número de plazas libres. En poco tiempo recibirá noticias de sus posibles acompañantes que, además, le ayudarán a compartir los gastos del transporte.

▸ En cambio, si desea ir como pasajero, con sólo consultar la base de datos de la web encontrará su conductor ideal.

## Aprovechando las autopistas

En determinados desplazamientos por carretera, uno puede encontrarse ante la disyuntiva de viajar sin peajes o entrar en una autopista y pagar un canon por ello. Evidentemente no todas las autopistas poseerán la misma tarifa, por lo que a la hora de planificar la ruta nos informaremos sobre el coste de los peajes por los que circularemos.

Desde luego el mejor remedio, aunque el más lento y seguramente el más incómodo, será escoger vías alternativas a las autopistas. Pero recordemos que a veces aquello que hemos ahorrado, en peajes, por culpa de transitar por carreteras secundarias, terminamos gastándolo en tiempo y, evidentemente, tambien en combustible.

Para aquellas personas que se ven obligadas a pasar a menudo por las cabinas de peaje existe la posibilidad de suscribirse a una tarjeta de usuario que suele ofrecer interesantes descuentos o ventajas económicas.

La tarjeta de usuario es un sistema de descuento que establecen algunas concesionarias de autopistas y que además nos permiten pasar los peajes sin colas, ya que muchas veces este bono suele ir acompañado de un aparato electrónico que nos ayuda a ello. Al margen de estas medidas debemos tener en consideración estas otras:

▶ Para viajes largos debemos planificar la ruta con antelación, informándonos sobre los precios de los peajes; ello nos servirá para poder escoger por dónde circular de forma más barata.

▶ Siempre que sea posible, debemos escoger horarios de viaje en los que las carreteras vayan a estar más descongestionadas. No sólo llegaremos con más comodidad al destino y circularemos con menos coches, además ahorraremos el combustible que se pierde en las caravanas.

▸ A la hora de establecer una ruta con el coche debemos verificar los puntos por los que pasaremos, para evitar pérdidas de tiempo y también de combustible. Debemos también conocer —aunque sea sobre el mapa— las carreteras que no son de pago y las que suelen estar más transitadas.

## TRANSPORTE PÚBLICO URBANO: METRO Y AUTOBÚS

Desplazarse utilizando el transporte público colectivo es el modo más económico de recorrer los núcleos urbanos de manera rápida y muchas veces ahorrando, no ya dinero, sino tiempo y también las tensiones que provocan los atascos, la circulación en horas punta y, cómo no, el siempre complejo momento de encontrar aparcamiento.

Teniendo en cuenta que en las grandes ciudades un billete sencillo de metro o autobús cuesta bastante más caro que un bono de transporte, si utilizamos asiduamente el transporte público nos resultará más económico comprar abonos en lugar de pagar cada viaje por separado.

▸ Debemos ver la viabilidad de comprar bonos de autobús, metro o ambos, según sea la normativa de transportes del lugar en el que vivimos.

▸ Estudiaremos las ventajas que nos ofrecen el bono de un solo día con respecto de aquellos otros que son por semanas, meses o incluso trimestres.

▸ Por sistema, aunque no lo usemos con mucha frecuencia, debemos hacer lo posible por llevar siempre encima un bono

de transporte, ya que de esta forma evitaremos gastos inne-
cesarios de última hora.

▸ Debemos informarnos sobre la existencia de tarjetas de
bonos familiares e incluso trimestrales, que por lo general son
más baratas que las destinadas a ser usadas por una sola per-
sona o durante un tiempo corto de tiempo.

▸ Por supuesto, antes de comprar una tarjeta de prepago,
debemos valorar cuántos viajes hacemos de promedio al
cabo de un mes y tener la seguridad de que vamos a gas-
tarlos todos, ya que en caso contrario, lo que estamos
haciendo es anticipar un dinero que difícilmente podremos
recuperar.

## LOS TRENES DE CERCANÍAS

Estas líneas son una alternativa real al transporte privado, es
decir, al automóvil, ya que cada vez más personas optan por
vivir fuera de los grandes núcleos urbanos, que es donde habi-
tualmente se encuentra su lugar de trabajo.

Para estos usuarios, y para los que decidan apostar por via-
jar en trenes de cercanías, deben saber que la mejor forma de
ahorrar siempre será, como sucede con el metro o el autobús,
comprar bonos de viaje.

Otra de las ventajas de los llamados trenes de corto recorri-
do es que cada vez hay más estaciones que disponen de apar-
camiento en las que, de una forma gratuita, podremos dejar
nuestro coche.

## EL COCHE, ESE GASTO SIN FIN

Según las estadísticas, comprar un coche es, en importancia,
la segunda inversión que hacen las familias, después de la

adquisición de una vivienda. Y, además, este desembolso se dispara de forma mucho más notable cuando se trata de realizar una operación con un vehículo nuevo.

Para estos casos, sirvan los siguientes consejos para que la compra sea algo más económica:

▸ Aprovecharemos los meses que anteceden a las vacaciones de verano, ya que es la época en la que se realizan más ofertas y descuentos, y se puede obtener gratuitamente parte del equipamiento o en su defecto una rebaja interesante sobre el precio final del vehículo.

▸ Cuando hayamos decidido qué vehículo deseamos comprar, debemos proceder a comparar precios en varios concesionarios, y también el coste de modelos de otras marcas con similares características: motor, capacidad, consumo...

▸ Cuando vayamos a un concesionario, es importante preguntar si disponen de vehículos en stock. Es decir, automóviles sin matricular, que llevan tiempo esperando un comprador y que se ponen a la venta a un precio menor.

▸ Otro modo ventajoso de comprar un coche nuevo consiste en esperar a que la marca del coche que buscamos esté a punto de lanzar al mercado una versión renovada del modelo. En estos casos, las rebajas por los antiguos son importantes. Nos podremos informar de todo ello en los concesionarios habituales y también por Internet.

▸ Cuando tengamos el presupuesto del coche nuevo, miraremos con especial atención los conceptos que lo integran. Debemos tener en consideración que algunas marcas afirman que se hacen cargo del importe de ciertos impuestos, pero luego cargan dicho valor por otro concepto.

▸ Debemos negociar sin complejos. Los establecimientos que venden coches tienen la misión de vender y todos estarán abiertos a realizar ofertas y descuentos si presionamos lo adecuado. Eso sí, debemos desconfiar de los supuestos regalos que un concesionario nos ofrezca por la compra de un vehículo. Al final todo se acaba pagando.

▸ Si ofrecemos nuestro coche usado como parte de pago del nuevo, debemos ser exigentes con el valor que nos ofrezcan por él, ya que la mayoría de los establecimientos están capacitados para sobrevalorarlos para poder cerrar la operación de venta.

## LEASING:
## LOS COCHES PARA PROFESIONALES

Afrontar una inversión de las características de la compra de un automóvil requiere un estudio detenido sobre el modo en que se va a financiar. Al margen del pago al contado, o de la solicitud de un préstamo personal a una entidad bancaria, existen otros modos. Seguidamente detallaremos las ventajas de una de ellas: el *leasing*, muy aconsejable para pequeñas empresas y profesionales con licencia fiscal.

Con el *leasing* se paga el vehículo deseado a través de cuotas durante un plazo de tiempo determinado, pudiendo, al final del mismo, ejercer una opción de compra —a un precio convenido al suscribir el contrato— o devolverlo a la empresa que lo ha financiado. Éstas son sus ventajas:

▸ El importe íntegro de las cuotas mensuales son deducibles en el Impuesto de Sociedades.

▸ Este sistema financia la totalidad del precio del vehículo.

‣ Protege al cliente contra brotes inflacionistas provocados por las oscilaciones del mercado, ya que las cuotas de arrendamiento se fijan en el momento de la firma del contrato.

## OTRA OPCIÓN INTERESANTE: RENTING

Alquilar el coche a largo plazo es una modalidad que cada vez tiene más auge. Es un modo de financiar la compra de un coche nuevo, sin tener que ser empresario o profesional con licencia fiscal; consiste en suscribir un contrato de *renting*. Se trata de un arrendamiento a largo plazo en el que se paga una cuota fija, durante un periodo de tiempo concertado, y se tiene derecho a una serie de prestaciones que detallamos a continuación.

‣ El importe de la cuota acostumbra a ser deducible a la hora de pagar los impuestos.

‣ La cuota incluye todos los servicios que necesita el automóvil, es decir: mantenimiento y reparaciones, impuestos y seguro a todo riesgo.

‣ Al finalizar el contrato se da la posibilidad de devolver el turismo, comprarlo o sustituirlo por otro nuevo, siguiendo el mismo sistema de financiación.

## LA OPCIÓN DE LA SEGUNDA MANO

Hay personas que no pueden (o no quieren) gastarse una fortuna en la compra de un coche nuevo. Prefieren acudir al mercado de segunda mano y destinar lo que ahorran a otros menesteres. Para estas personas, a continuación facilitamos unos consejos para economizar más en este tipo de compra.

Una de las opciones más convenientes y recomendables, pese a que requiere de más paciencia, es buscar el coche entre particulares. El comprador puede llegar a ahorrar entre un 15 y un 20 por ciento del precio que pagaría en los establecimientos dedicados a la compra-venta, ya que evita afrontar los gastos de la comisión del vendedor. Un buen truco será destinar un tiempo a buscar, en revistas especializadas y en periódicos de anuncios de productos de segunda mano, aquella oferta que nos resulte más sugerente y contactar con el vendedor.

La red también ofrece una serie de portales dedicados a la venta de vehículos de segunda mano. En su inmensa mayoría son las web de los negocios físicos convencionales. Así mismo, también se puede recurrir a las subastas on-line. Pueden llegar a encontrarse auténticos chollos, sin pujar en exceso.

Una tercera posibilidad son los grandes centros de venta; estos puntos, que la mayoría de veces suelen estar al aire libre, ofrecen buenos precios —sobre todo si se negocia— y, a pesar de que una parte del precio de venta se lo lleva la comisión, ofrecen garantías sobre el producto.

## Otros trucos interesantes

▸ Preguntando al mecánico. Si el mecánico habitual es de confianza, también podrá tenernos al corriente de posibles chollos que están a punto de ser puestos a la venta. Lo mejor en estos casos es tener paciencia y esperar noticias, recordemos que nadie mejor que el mecánico de confianza para informarnos, no sólo de las ofertas, sino también del estado del producto.

▶ Las principales firmas automovilísticas ponen a la venta, como coches de segunda mano, vehículos denominados de gerencia. Tienen muy pocos kilómetros y sólo han sido utilizados por trabajadores de estas empresas para realizar breves desplazamientos laborales.

▶ Las compañías de alquiler de coches también ponen a la venta sus flotas cuando han de ser renovadas por vehículos nuevos; debemos estar atentos a estas posibilidades para beneficiarnos de ellas. Los precios son muy buenos, aunque hay que andar con cuidado, porque hay automóviles francamente castigados.

## AHORRO CON INTERNET: LOS SEGUROS ON-LINE

Por norma general suelen ser algo más baratos que los otros; el motivo es muy simple: se agilizan trámites y se requiere menos personal para llevarlos a cabo.

Algunas compañías tradicionales también están en la red y ofrecen descuentos de hasta un 6 por ciento en las contrataciones on-line.

Sin embargo, debemos estar preparados, puesto que algunas de las compañías sólo ofrecen sus productos con bonificaciones, es decir cuando el conductor no ha sido penalizado.

## ¿CONDUCCIÓN SEGURA Y BARATA?

Los seguros del automóvil son una de las modalidades de seguros que más dinero facturan al cabo del año. Además, este volumen de negocio se ve incrementado espectacularmente con los aumentos anuales de todas las compañías, que alegan el elevado índice de siniestros automovilísticos como una de las medidas de justificar sus precios mayoritariamente al alza. Sin embargo, el consumidor tiene algunos modos de evitar que el pago de su seguro sea una sangría. Es posible ahorrar siguiendo estos consejos:

▸ A veces tenemos la mala costumbre de conformarnos con lo que tenemos. Nuestra aseguradora no es para siempre, por tanto debemos buscar diferentes ofertas en la competencia.

▸ Si nos fijamos con atención, veremos que por los mismos servicios en otras compañías nos ofrecen mejores condiciones. A veces pagando lo mismo resulta que podemos tener también un buen número de ventajas en otros apartados, como por ejemplo seguros para el hogar.

▸ Debemos verificar periódicamente si se están aplicando correctamente las bonificaciones por no siniestralidad. En ocasiones, como por arte de magia, se «pasan por alto» algunas de las rebajas que deberíamos obtener por ser buenos conductores.

▸ Si nuestro vehículo tiene más de seis años es aconsejable contratar un seguro obligatorio a terceros en lugar de aquellos otros que son mucho más caros y que se supone que cubren todos los riesgos posibles.

▸ En el caso de que dispongamos y estemos pagando un seguro a todo riesgo, debemos verificar si nuestra compañía nos ofrece la modalidad de franquicia, que puede suponer un considerable ahorro al año.

▸ Si tenemos una póliza de seguro de hogar o de enfermedad con una compañía determinada, es aconsejable preguntar por cuánto dinero asegurarían nuestro vehículo. A veces las ventajas son considerablemente interesantes.

## ALGUNAS CLAVES DE ECONOMÍA: AHORRANDO COMBUSTIBLE

A raíz de las sucesivas crisis del petróleo los conductores pagan el combustible a precio de oro. Y se trata, además, de un gasto inevitable.

Para que el paso por el surtidor de la gasolinera sea un trago más amable, seguidamente pasamos a detallar alguna maneras de ahorrar combustible.

▸ Revisaremos con periodicidad el filtro de aire del coche. Cuando está sucio o viejo, el consumo de gasolina se incrementa en un 10 por ciento.

### CONVIENE SABER QUE...

Algunos grandes supermercados ofrecen a sus clientes descuentos de hasta un 4 por ciento en la compra de combustible, en las gasolineras asociadas a este establecimiento. Así mismo, algunas compañías ofrecen carnés de fidelidad a sus clientes. Los litros de gasolina que se compran en estos centros se traducen en descuentos posteriores.

▶ Debemos controlar el uso del aire acondicionado. Circulando por ciudad puede aumentar el consumo un 15, y un 10 por ciento si estamos en carretera.

▶ Prestaremos especial atención a los neumáticos. Recordemos que unos neumáticos con aire insuficiente aumentan la resistencia y el roce, y por tanto el consumo.

▶ Cuando tengamos que sustituir los neumáticos, optaremos por los radiales, que reducen el gasto de combustible un 3 por ciento.

▶ Por costumbre apagaremos el motor si debemos estar detenidos más de dos minutos.

▶ Cuando estemos en ciudad procuraremos hacer todos los desplazamientos de una forma seguida, ya que el coche consume menos con el motor caliente.

▶ Haremos lo posible por moderar la velocidad y por ajustar las marchas a ésta. Recordemos que en velocidades cortas el coche consume más.

▶ Si somos usuarios de cuatro por cuatro, procuraremos usar la tracción a las cuatro sólo cuando sea necesario.

## TALLERES:
## EL TEMOR A UN GASTO DISPARADO

Llevar el coche a un taller no es la mayor alegría que puede darse un conductor. Sabe que tras la reparación de la avería llegará una factura, con un importe generalmente elevado. Y posiblemente jurará que es la última reparación que le hace al automóvil y que apuesta definitivamente por el transporte público.

Lo cierto es que es muy difícil llegar a pagar menos por una reparación. Los precios de la mano de obra son oficiales y la mayoría de los talleres los respetan a rajatabla. Por tanto, ahorrar por este concepto acostumbra a ser una tarea ardua, como se verá detalladamente a continuación.

▶ Lo primero que hay que hacer al pisar un taller mecánico es pedir un presupuesto de la reparación, ya que estos establecimientos tienen la obligación de respetarlos al pie de la letra.

▶ Si en el taller se pasan del importe concertado, debemos saber que no siempre estamos obligados a  pagar el excedente.

▶ Si disponemos de tiempo y de ganas, podemos buscar nosotros mismos las piezas de recambio, será una inversión de tiempo pero una economía en dinero.

▶ En el caso de que debamos comprar neumáticos, tendremos la posibilidad de acudir a tiendas especializadas y buscar segundas marcas más económicas.

▶ Antes de llevar el coche al taller habitual para hacer las labores de mantenimiento periódico, como cambiar filtros, aceite, pastillas de freno o neumáticos, es aconsejable pasarse por los centros dedicados al automóvil que suele haber junto a los grandes hipermercados. Son mucho más baratos y, para determinados trabajos, sólo nos cobrarán el material.

▶ Si llevamos a reparar el coche a un taller oficial de la marca de nuestro vehículo debemos pedir presupuesto y contrastarlo con otros talleres no oficiales. Posiblemente nos llevaremos una sorpresa: lo oficial no es siempre lo más económico.

## EL AHORRO CON LOS RECAMBIOS DE OCASIÓN

Como vemos, resulta complejo rebajar la factura de la reparación de un automóvil. La mano de obra, las piezas, el IVA, van engrosando una cifra a menudo demasiado elevada. Pero existe una manera de reducir el gasto que supone pasar por el taller: comprar nosotros mismos las piezas de recambio. Se ahorra dinero (hasta un 80 por ciento), pero —por el contrario— se exonera al mecánico de la responsabilidad y garantía de cuando trabaja con piezas originales. Si decidimos optar por esta solución, debemos saber que:

▶ Los desguaces de automóviles, cuando desvalijan un coche, suelen apartar las piezas que están en buen estado para su posterior venta. Existen innumerables establecimientos de este tipo, la mayoría situados en la afueras de las ciudades.

▶ También podemos acudir a centros que se dedican a reciclar automóviles. Suelen trabajar con coches siniestrados de carrocería, pero no de motor, recuperando las piezas y accesorios que están en buen estado para su posterior venta.

▶ No debemos dejar de dar un vistazo por los buscadores de Internet, ya que existen bases de datos que pueden llegar a reunir las piezas de ocasión disponibles en una misma provincia.

## UNA OPCIÓN IMPERSONAL: COCHES DE ALQUILER

El alquiler de vehículos es una costumbre poco instaurada, pero no por ello menos interesante y a la postre hasta ventajosa.

En muchos países es habitual alquilar un coche cuando el propio está averiado. A primer vista puede parecer una alternativa cara, aunque en realidad no lo es tanto como puede parecer a simple vista. Veamos algunas consideraciones:

▸ Todas las compañías de alquiler de vehículos ofrecen buenas ofertas. Buscar y comparar es el primer paso para conseguir pagar menos.

▸ En muchas ocasiones, recoger el coche en un aeropuerto significa un descuento de un 10 por ciento, ya que algunas compañías aéreas tienen convenios ventajosos con las agencias de alquiler. Tan sólo hay que presentar el billete de avión.

▸ Así mismo, reservar un vehículo a través de Internet puede traducirse en interesantes ahorros de cerca del 15 por ciento. Conviene consultar las páginas web de las compañías de alquiler de coches, ya que en sus portales suelen publicar sus ofertas.

▸ Debemos saber que podemos aprovechar las tarjetas de fidelidad de las agencias de alquiler de coches, ya que el consumo anterior se suele traducir en descuentos.

▸ Es aconsejable comprobar si la póliza de seguro de nuestro automóvil habitual nos ofrece descuentos en alguna compañía de alquiler. Así mismo, la mayoría de los carnés de clubes de automovilistas ofrecen a sus socios descuentos interesantes en este concepto.

▸ Siempre que sea posible, alquilaremos el vehículo sin limitación kilométrica, ya que si nos excedemos podemos llegar a pagar los kilómetros de más a precio de oro.

# 08

## AHORRANDO Y REFORMANDO

Plantearse una reforma en el hogar es una ardua tarea (sobre todo cuando nuestra intención va más allá de colgar un cuadro o pintar una puerta), que requiere paciencia, templanza y tener la cabeza fría.

Las citadas condiciones son, además, muy indicadas cuando el tipo de obras que queremos realizar en nuestra vivienda requieren la contratación de profesionales. Por este motivo, a continuación facilitamos una serie de consejos para ahorrar dinero en obras y no morir en el intento.

▸ Tenemos que acostumbrarnos a pedir más de un presupuesto a las empresas de servicios.

▸ Debemos saber que a partir de tres podemos hacernos una idea aproximada del coste de la reforma y así ajustarlo en la medida de lo posible.

▸ Procuraremos evitarnos sorpresas y sustos y para ello lo mejor es exigir que los presupuestos sean cerrados. De este modo alcanzaremos un compromiso con los profesionales y, además, evitaremos costos extra, sobre todo en lo concerniente a la mano de obra.

▸ Haremos lo posible por negociar un plazo de entrega de la reforma terminada.

▸ La garantía de los plazos de entrega servirá primero para no perder tiempo y luego para no padecer gastos innecesarios motivados por los imprevistos.

▸ Si podemos, debemos introducir en el presupuesto una cláusula que penalice las demoras en forma de descuento del precio final. No se trata de perjudicar a los operarios sino de que no resultemos perjudicados nosotros por culpa de sus malas gestiones.

▸ En la medida de lo posible debemos solicitar presupuestos desglosados, en los que por un lado conste el precio de la mano de obra y por separado el importe de los materiales.

▸ Gracias a los desgloses de los presupuestos podremos con-

### CONVIENE SABER QUE...

De cara a la realización de una obra de cierta envergadura, debemos instar al profesional que realice las reformas a que incluya, con toda claridad, el plazo y la garantía de la obra. Por este motivo es aconsejable acudir a empresas solventes, que puedan responder por su trabajo en caso de que aparezcan problemas.

Recordemos que sin los datos anteriores difícilmente lograremos tener fuerza para una reclamación.

trastar datos y confirmar si los importes que nos solicitan se ajustan a lo que marca el mercado.

▸ Por sistema debemos negociar a la baja. La mayoría de constructoras compran los materiales a precios muy ajustados y, por tanto, tienen margen para reducir el precio final.

## BRICOLAJE CASERO: UNA OPCIÓN PARA LA ECONOMÍA

Algunas de las reformas del hogar las puede hacer uno mismo con un poco de habilidad y deseos de ahorrar, sumergiéndose en el mundo del bricolaje.

Las reformas hechas por uno mismo son una práctica que cuenta con un gran número de adeptos. Son personas que no se asustan ante obras —mayores o menores— que hasta no hace mucho tiempo estaban exclusivamente destinadas a profesionales cualificados y que la tecnología actual nos permite llevar a cabo fácilmente y sin la necesidad de tener conocimientos previos en la materia.

A continuación detallamos unos cuantos consejos para enfrentarse al bricolaje ahorrando dinero.

### La necesidad de planificar

Antes de iniciar los trabajos debemos plantearnos qué materiales necesitamos y dónde podemos obtenerlos a mejor precio.

Las grandes cadenas de bricolaje utilizan el buzoneo o los encartes en la prensa para publicar sus precios. Debemos estar atentos a las ofertas del cambio de temporada.

▸ Tanto si acudimos a una gran cadena de bricolaje como a una tienda convencional, debemos pedir consejo a sus profesionales. No dudarán en efectuar las recomendaciones que necesitemos para que podamos lograr el éxito en nuestro cometido.

▸ Las grandes superficies tienden a ser más frías y a veces menos didácticas. Un vendedor de una tienda de barrio sabrá orientarnos sobre qué es lo más apropiado para aquello que deseamos hacer y, por supuesto, nos podrá asesorar también sobre la forma más barata de llevarlo a cabo.

▸ Como en otras ocasiones, evitaremos comprar por comprar. Cuando lleguemos al establecimiento de compra veremos muchos elementos que suscitarán nuestro interés, pero si no queremos gastar más dinero de la cuenta procuraremos centrarnos sólo en nuestros objetivos.

▸ Acudiremos al establecimiento suministrador con una lista bien clara de lo que deseamos. Nos dejaremos aconsejar por los profesionales del recinto, sabiendo que podemos encontrar diferentes versiones de un mismo producto, por supuesto con diferentes precios.

## Las herramientas

Si se trata de obras complejas, o que requieren una cierta precisión, es mejor plantearse alquilar las herramientas en lugar de comprarlas; de esta forma evitaremos realizar un desembolso que difícilmente podremos amortizar con una obra casera.

▸ Recordemos que en toda casa debe haber una caja de herramientas básicas en la que guardar de forma ordenada todos los elementos que el bricolaje casero requiere.

▸ Debemos tener presente que a veces saldrá más barato comprar una caja de herramientas ya rellenada con los elementos básicos, que ir llenándola poco a poco comprando las herramientas por separado.

▸ De cara a comprar una herramienta recordemos que no somos profesionales y que habrá gamas bajas o de peor calidad, pero sin duda más baratas y que cumplirán su función de herramientas domésticas, esto es, de usos poco prolongados.

▸ La mejor forma de comprar una herramienta es no dejándonos llevar por las modas, ni tampoco por el capricho visual que muchas veces supone el envoltorio de la herramienta. Contaremos siempre con el asesoramiento del vendedor.

## CÓMO EVITAR COSTES INNECESARIOS

La gran mayoría de las reformas que podemos realizar en el hogar requiere la compra de numerosos materiales de construcción o decoración.

Este tipo de adquisiciones pueden parecer complejas para el que se considera profano. Sin embargo, es mucho más fácil de lo que parece, ya que el auge del bricolaje ha propiciado la apertura de tiendas especializadas, e incluso los grandes hipermercados disponen de secciones enteras dedicadas a estos productos. Veamos cómo podemos ahorrar al realizar las compras:

### 1. Controlando las marcas

Antes de comprar un producto, ya sea del ramo de la pintura o la electricidad, no debemos dejarnos llevar por las marcas que más se publicitan en los medios de comunicación. Seguro que encontraremos la misma mercancía fabricada por segundas marcas y marcas blancas, que nos ofrecerán idénticas prestaciones e igual calidad.

▸ Buscaremos tiendas de gran surtido en las que marcas oficiales o reconocidas compitan con las otras. De esta forma, una vez hayamos comprobado que la eficacia y el rendimiento de ambas es el mismo, podremos verificar si la diferencia de precio es correcta.

▸ Nos informaremos en el establecimiento sobre próximas ofertas o incluso sobre los kits. A veces un pack de pintura nos puede salir más barato que comprar todas las que necesitamos de forma individualizada.

▸ Debemos tener en cuenta los saldos. A veces tanto las herramientas como los productos básicos de pintura o bricolaje se saldan, ya que los fabricantes optan por descatalogarlos, abaratando así su precio.

## CONVIENE SABER QUE...

A veces las medidas de nuestra casa exigen un mueble o módulo más grande que el que está en exposición; en estos casos debemos negociar con el establecimiento comprar el escaparate y un ajuste de precio para que nos pidan en fábrica el resto de los elementos que necesitamos.

Debemos tener en cuenta que el color del mueble de fábrica quizá no tenga la misma tonalidad que el de exposición, sobre todo si éste ha estado bajo los efectos del sol en el escaparate.

▸ No debemos ver en los saldos un producto de baja calidad o de peor rendimiento que aquel otro que no esta siendo saldado. Los cambios de temporada e incluso la eliminación de los stocks generan que las grandes cadenas pongan a disposición del público productos interesantes a precios muy competitivos.

## 2. Sobre los nuevos materiales

Debemos consultar a un profesional si los materiales que pretendemos utilizar son adecuados para nuestros objetivos. El sector de la construcción está en constante evolución y aparecen novedades más económicas y duraderas.

▸ No debemos dejarnos llevar por ideas prefijadas. A veces un producto nuevo puede que sea un poco más caro, pero su efectividad es mayor.

▸ Antes de efectuar una compra de materiales verificaremos qué tenemos ya a nuestra disposición. Verificar no implica mirar por encima sino comprobar que tenemos el material y además que su estado es apto para el uso.

▸ Recordemos que, salvo en el caso de las herramientas, los productos de construcción y decoración tienen una fecha de caducidad que debemos respetar si pretendemos obtener de ellos el máximo rendimiento.

▸ De cara a una obra o reforma en la que intervengan diferentes materiales, debemos plantearnos un análisis global del presupuesto y no contar los materiales de manera pormenorizada; ello nos permitirá invertir más o menos dinero en aquello que realmente merece la pena.

## 3. Comprar a medida

No debemos dejarnos influir por la capacidad de los envases. Dejarse llevar por la oferta de un bote de pintura (o una caja de tornillos) de gran capacidad y a buen precio puede resultar caro si va a pasar tiempo sin utilizarlo.

▸ En el caso de la pintura, papel de empapelar y todos aquellos componentes que debemos comprar «a medida» debemos ser juiciosos en el cálculo. No sirve de nada cargar más en las compras para ahorrar un poco de dinero si luego el sobrante no puede ser utilizado.

▸ En el caso de pinturas debemos prestar especial atención al apartado del rendimiento. A veces la misma cantidad de pintura no sirve para pintar adecuadamente la misma superficie.

## Prestar atención a las instrucciones

Leer las instrucciones de cada producto debería ser una obligación, para con uno mismo. Las instrucciones no sólo nos advertirán sobre el uso del producto y su peligrosidad, sino que nos informarán sobre la forma en que debemos utilizarlo para que realmente nos salga rentable.

## A veces lo barato es muy caro

Es cierto que hemos comentado la posibilidad de que sea uno mismo quien realice determinadas obras o reformas de carácter menor, pero conviene no asumir riesgos innecesarios.

Antes de decidirnos a llevar a cabo una acción tenemos que estar seguros no sólo de nuestras capacidades sino también de los plazos que emplearemos para llevar a cabo la obra y de que no estropearemos nada que luego deba arreglar un profesional.

Veamos cómo lo barato a veces sale caro:

Debemos dejar en manos de expertos todo lo relativo a las instalaciones de luz. Salvo que realmente sepamos qué estamos haciendo, debemos tener presente que una cosa es cambiar un enchufe o interruptor y otra bien distinta realizar toda una instalación, sea total o parcial. Una instalación deficiente puede acabar con la vida de algún electrodoméstico, además de suponer un riesgo para nuestra casa y persona.

En el caso de las pinturas, si jamás hemos realizado el noble arte de la brocha y el pincel corremos el riesgo de salpicar más de la cuenta o de no programar la protección del recinto que vamos a pintar. Recordemos que las manchas de pintura, salvo que sea al agua, no salen de cualquier manera. Debemos ser cuidadosos al eliminarlas o de lo contrario podemos dañar ciertas superficies cuya reparación puede resultarnos gravosa.

## REFORMANDO EL MOBILIARIO

Ya sea por motivos decorativos o por necesidad funcional, tarde o temprano llega el día en que hay que renovar los mue-

### SABER ESCOGER LA FECHA

A veces debemos dejar que sean los profesionales quienes nos indiquen el momento óptimo para llevar a cabo una reforma. La mayoría de las tiendas especializadas realizan interesantes ofertas en épocas de vacaciones con el fin de animar las ventas cuando los potenciales clientes disponen de tiempo libre.

bles del hogar. Es lógico que no podemos contemplar este apartado como una reforma en sí misma, aunque a veces no tendremos más remedio que efectuar algunas de orden menor, como repintar estancias, cambiar algún que otro cable de instalación eléctrica, etc.

La compra de muebles, al menos para efectuar lo que llamamos una reforma sustancial, como cambiar todo un salón, un comedor, cocina o estancia, casi siempre supone un gasto elevado y, en el peor de los casos, imprevisto. Existen diferentes maneras de comprar muebles a buen precio. Veamos las más interesantes:

## Una opción tradicional: segunda mano

Es la opción más antigua y consiste en acudir al mercado de muebles usados. Además de las clásicas tiendas de compraventa, en numerosas ciudades existen mercados públicos con muebles de segunda mano. Solicita al teléfono de información de tu Ayuntamiento cuáles son las ubicaciones y los días de mercado.

▶ Comprar por lotes no será más barato que comprar piezas sueltas. Debemos prestar atención al visitar la tienda de qué otros muebles podemos incluir en el paquete para obtener un buen descuento.

▶ Por lo general estas tiendas no tienen servicio de entrega a domicilio y cuando lo realizan suele ser más caro que el de las tiendas de muebles nuevos. Debemos efectuar los cálculos en este sentido.

▶ Las tiendas de segunda mano no tienen que ser saldos. Un mueble puede tener alguna que otra tara, pero no debemos aceptar piezas destartaladas o muy estropeadas. En el caso de que estén bastante deterioradas, negociaremos en el precio su reparación.

## Hágalo usted mismo: mueble kit

En las grandes superficies especializadas, podemos encontrar un buen surtido de muebles nuevos para que y los montemos en casa siguiendo las instrucciones que los acompañan.

▸ En la actualidad ya no hay límites, y librerías, estanterías, armarios, camas, etc., pueden montarse con un poco de paciencia y buen humor. Todos incorporan un manual de montaje y las herramientas precisas.

▸ A veces las mismas empresas vendedoras y ofrecen traslado del mueble al domicilio y un servicio de montaje. En algunos casos, si el mueble es un pelín complejo, saldrá más a cuenta que nos lo monten en lugar de tener que acabar haciendo filigranas con las piezas.

## Prestando atención al mueble de exposición

Desde las cocinas a mitad de precio, hasta dormitorios completos, o los muebles de las salas de estar, pueden salir más económicos cuando se renuevan los escaparates, ya que en ese momento se venden a mejor precio. La estrategia a seguir es:

▸ Efectuaremos un seguimiento de los escaparates de las principales tiendas del barrio o ciudad. Casi siempre coincidiendo con los cambios de temperada se cambian también los escaparates.

▸ Puntualmente podemos preguntar en la tienda sobre la fecha prevista en que piensan traer modelos nuevos, ya que ello querrá decir que deberán cambiar el mobiliario de la exposición.

▸ Aunque los muebles de escaparate suelen ser bastante o a veces mucho más baratos, ello no debe ser sinónimo de mala calidad. Debemos exigir que aquello que nos venden esté en perfecto estado de conservación.

▸ Antes de comprar debemos verificar que las medidas se adaptan a las necesidades y en caso de que no sea así debemos estudiar si la diferencia de precio con un mueble nuevo compensará lo que deberemos gastar en reformas.

▸ Verificaremos que los muebles no estén descoloridos, rayados o quemados por los rayos del sol.

## BUSCANDO LAS OFERTAS

Muchas publicaciones de compraventa nos ofrecerán un variado catálogo de existencias, ya sea de particulares o, en muchas ocasiones, de profesionales del sector, que los adquieren por lotes completos de viviendas. Si deseamos cambiar los muebles, debemos repasar la prensa, las secciones de clasificados, páginas web especializadas en la materia e incluso los tablones de anuncios de las grandes superficies comerciales.

## ¿BUENO, BONITO Y BARATO?

La decoración de una vivienda revela, sin lugar a duda, cómo son y cómo viven sus habitantes. Se trata de una actividad que se desarrolla de manera continuada, porque la puesta a punto de un hogar, evidentemente, nunca es definitiva, sino que está en constante evolución.

La ventaja que tiene la decoración de la casa es que nos la hace sentir más nuestra y que a veces suple aspectos más caros, como son las reformas. La desventaja es que también la decoración a veces significa embarcarse en complejas reformas.

Antes de proceder a decorar debemos saber que no es poner «patas arriba» ni una casa ni toda una estancia, sino darle un aire propio, estilizado y armónico. ¿Podemos decorar de una forma económica? Sí, siempre y cuando prevalezca por encima de todo un sentido práctico en todo lo que hagamos.

A veces nos empeñamos en comprar un elemento para el hogar que es muy decorativo pero poco útil. En cambio, casi por el mismo dinero seguro que vamos a encontrar piezas que tengan una utilidad real.

Con relación a lo anterior, supongamos un ejemplo: deseamos un espejo que decore una pared. Si en lugar de comprar un espejo sin más, adquirimos uno que tenga una pequeña estantería o un par de percheros, estaremos dándole una utilidad adicional al espejo. Veamos seguidamente algunas de las formas más «económicas» de efectuar someros cambios en el hogar para así lograr una perfecta decoración del mismo:

## 1. Dejar a un lado a los expertos

Para empezar debemos ahorrarnos el dinero que nos va a costar contratar los servicios de un interiorista y realizaremos los proyectos nosotros mismos. Contratar una persona que nos enseñe trucos y nos proponga fórmulas de renovación puede ser divertido, interesante y práctico, pero siempre será caro.

▸ Antes de proceder a cambiar la decoración debemos valorar qué piezas se quedarán donde están y cuáles podemos cambiar de sitio para que formen parte de la nueva decoración que hemos programado llevar a cabo.

▸ Revisaremos el desván o cuarto en el que guardamos los

trastos, puede que encontremos alguna pieza que abandonamos hace tiempo y que ahora, de nuevo, tendrá una utilidad. Y, además, será gratis.

▸ En el mercado existen incontables revistas dedicadas al tema de la decoración que nos darán muchísimas ideas basadas en soluciones muy económicas.

▸ Podemos obtener ideas gratis visitando las casas de los amigos y los familiares y, desde luego el mejor lugar para coger ideas de forma gratuita será fijándonos muy bien en las tiendas de muebles que poseen un escaparatista.

## 2. Visitando los mercadillos

Los rastros y los mercadillos son lugares de asistencia obligada para las personas que quieran decorar un rincón de su casa por poco dinero.

En los citados recintos podemos encontrar verdaderas maravillas en el apartado de complementos y gangas en lo que concierne a tejidos. Además, casi con total seguridad podemos regatear el precio de los elementos a comprar.

## 3. Sin reparos en ahorrar

Debemos visitar todo tipo de tiendas antes de proceder a realizar la decoración del hogar. En las tiendas de saldos o de productos muy baratos podemos encontrar imitaciones muy similares de algunos objetos decorativos de diseño.

La diferencia es que serán mucho más baratos que los originales y si no somos muy exigentes pueden servir para nuestros propósitos.

Si lo que deseamos realmente es no gastar absolutamente nada debemos prestar atención a los contenedores que el

Ayuntamiento destina para la recogida de muebles. En estos lugares se pueden encontrar auténticas maravillas que, restauradas por uno mismo, pasarán a ocupar un lugar de honor en el hogar.

# 09

## CON EL OCIO TAMBIÉN SE PUEDE AHORRAR

La lectura es un placer y una de las maneras más gratifican-tes de ocupar el tiempo libre. Sin embargo, no se lee tanto como se afirma. Esta realidad tiene múltiples interpretacio-nes, aunque uno de los argumentos que dan los ciudadanos para justificar su poco apego a la letra impresa es el recu-rrente «leer es caro». Posiblemente haya algo de razón en esta afirmación. Sin embargo, existen algunas maneras de acercarse al mundo de los libros ahorrando dinero.

Debemos aprovechar los quioscos, en ellos aparecen con cierta frecuencia libros que se regalan con revistas y diarios. Además muchas editoriales llevan a cabo ediciones baratas de obras populares que suelen venderse a precios mucho más interesantes que en las librerías.

Cuando nos acerquemos para comprar la prensa, repasa-remos  los libros que también están a la venta. Se trata de ediciones económicas, de libros relativamente recientes, a precios muy competitivos debido a que utilizan canales de distribución más baratos y ofrecen un producto a un precio de coste más ajustado (tapas blandas, papel de baja calidad), lo cual permite que un mismo libro cueste hasta un 40 por ciento más barato que en una librería. Otras opciones interesantes son:

▸ Sin salir del puesto de venta de periódicos, también merece la pena prestar atención a los coleccionables que salen al mercado constantemente, ya que existe una tendencia creciente a lanzar recopilaciones literarias.

▸ Debemos saber que en las primeras y segundas entregas de los coleccionables, tanto de libros como de vídeos y DVD, se suelen ofrecer precios muy interesantes, casi de dos por uno. Es un buen momento para comprarlos, aunque después no sigamos con la colección.

▸ Si lo que buscamos es un libro más especializado, el ahorro lo podemos obtener en las grandes cadenas de librerías y en los denominados supermercados de la cultura. Son establecimientos de grandes dimensiones que ofrecen productos con importantes descuentos (entre un 10 y un 20 por ciento), debido a que trabajan con un gran número de mercancías, lo que obliga a las editoriales a ajustar los precios.

▸ La gran mayoría de obras que no son una gran novedad podemos hallarlas más baratas en cooperativas de libreros. A veces estas cooperativas nos exigirán que seamos socios para comprar en ellas. Debemos evaluar esta posibilidad y contemplar el ahorro a largo plazo que ello puede suponer.

▸ El mercado del libro de segunda mano goza de una gran implantación. Acudir a las denominadas librerías de viejo a proveernos de lectura es garantía de ahorrar mucho dinero, sobre todo si no buscamos obras de reciente publicación.

Además, merece la pena dar un vistazo a las montañas de libros que se exponen a precios baratísimos.

## La lectura gratuita

Estar informado diariamente, sin gastar un duro, a través de periódicos y revistas, es posible gracias a dos fenómenos en gran apogeo en los tiempos que corren: la prensa gratuita y las publicaciones on-line.

▶ Cada día en muchísimas ciudades se distribuyen periódicos de manera gratuita, habitualmente en los accesos a los medios de transporte. Se trata de una modalidad procedente de Estados Unidos. Estos periódicos o revistas, cuya financiación procede exclusivamente de la publicidad, están diseñados para ser leídos de manera rápida (el tiempo de un trayecto de metro o

### LAS OPCIONES ON-LINE

Otro modo de acceder a la lectura a buen precio consiste en dirigirse a las múltiples librerías on-line que existen en Internet. Éstas son algunas de sus ventajas:

• Proporcionan todo tipo de materiales, incluso aquellos difíciles de encontrar.

• Tienen un buen precio debido a que su infraestructura de trabajo es menor a la utilizada por las tiendas convencionales.

• Sus clientes gozan de la ventaja de que reciben los libros en su propio domicilio.

de autobús), y ofrecen la justa información de las noticias, sin profundizar ni incluir grandes reportajes.

▸ La mayoría de los periódicos y revistas realizan ediciones electrónicas que pueden consultarse gratuitamente en la red. Cabe decir que el modo de lectura cuesta un poco para el lector habituado a las ediciones impresas. Sin embargo, proporcionan la misma información que en los ejemplares de los quioscos y, en algunos casos, servicios complementarios.

## TAMBIÉN LA MÚSICA ES MÁS BARATA

Comprar un CD de música resulta caro. De hecho, este motivo ha propiciado la creación de un negocio paralelo ilegal de venta de música, basado en múltiples redes de pirateo y venta de las principales producciones de las compañías discográficas.

Dando por descontado que desde estas páginas no alentaremos a realizar este tipo de compra ilegal, proponemos otras opciones absolutamente legales o que no tienen legislación al respecto, como las que se relacionan con bajar música de Internet.

### La opción de las grandes cadenas

Realizar las compras en las grandes tiendas de música puede reportar un ahorro mínimo de un 10 por ciento. Esto se debe a que funcionan como cualquier gran superficie, comprando a las distribuidoras un gran volumen de ejemplares, lo cual les proporciona un cierto margen para hacer este tipo de descuentos.

Otro aspecto interesante es que merece la pena dejarse caer por estas tiendas con cierta asiduidad, ya que ofrecen a sus clientes interesantes ofertas y promociones.

## Música desde Internet

La red también ofrece opciones para conseguir música. Una primera opción es acudir a determinados portales y realizar las compras on-line a precios muy competitivos.

Otra posibilidad de encontrar música en Internet consiste en obtener la música que deseamos de manera gratuita, introduciéndonos en comunidades virtuales de las que podemos obtener «prestadas» producciones discográficas, en formato mp3, por tan sólo el importe de la conexión a la red. Sin embargo, este sistema puede ser realmente caro si no disponemos de una conexión de alta velocidad, ya que la transmisión de todos los datos del tema discográfico es, francamente, lenta. Otras opciones son:

▸ Grabar música desde la radio, tanto la de Internet como la tradicional. Nos costará algo más de trabajo y paciencia, pero es un buen sistema para lograr música a buen precio.

## AHORRANDO CON LOS DEPORTES

Hacer deporte, con un equipamiento digno, no tiene por qué resultar caro. Prueba de ello es que cada vez existen más ciudadanos dispuestos a poner en forma su cuerpo y que el mercado de productos deportivos ha crecido espectacularmente en los últimos diez años.

Existen muchas opciones comerciales para poder practicar deporte a buen precio. Y todas ellas son válidas para ahorrar unos euros tonificando el cuerpo y el bolsillo. Por ejemplo, recurriendo incluso al mercado de segunda mano, sepamos que por ejemplo un aparato estático para practicar remo, comprado en una tienda de deportes tradicional, un 80 por ciento más que un equipo similar procedente de una tienda de objetos de segunda mano. Veamos otras opciones relevantes.

▶ Comprar en grandes superficies el equipamiento puede ser una opción interesante a la hora de ahorrar dinero.

▶ Todos los hipermercados cuentan en sus instalaciones con departamentos dedicados específicamente al deporte que serán sensiblemente más baratos que las tiendas especializadas.

▶ Conviene pasearse con atención por las grandes superficies, ya que podemos encontrar segundas marcas que serán igualmente efectivas y mucho más baratas.

▶ La diferencia de precio entre una tienda especializada en deportes y una gran superficie puede rondar entre el diez y el quince por ciento.

▶ Otra opción que puede ayudarnos al ahorro es acudir a cadenas de tiendas especializadas. En estos establecimientos, dedicados exclusivamente al negocio de venta de material deportivo, a diferencia de las pequeñas tiendas de deporte podemos hallar aquello que buscamos a muy buen precio.

▶ Las cadenas especializadas, además de poner a la venta

## DEPORTIVO, PERO ANTICUADO

Si lo que deseamos adquirir son prendas deportivas de marca, y no nos importa vestir un modelo antiguo o descatalogado, debemos acudir a los denominados *outlets,* de los que hemos hablado en otro apartado. Estos establecimientos nos pueden facilitar que ahorremos hasta un 50 por ciento en compras.

productos de las principales marcas, ofrecen material de calidad con la marca del establecimiento —lo que se denomina marca blanca— a precios irresistibles.

## DIVERTIDO Y BARATO A LA VEZ

Con más o menos asiduidad, a todos nos apetece salir de casa y disfrutar de una buena película, una obra de teatro o un concierto. Y, aunque está mal visto evaluar este tipo de manifestaciones culturales en clave caro-barato, existen opciones para ahorrar algún dinero sin dejar de acudir a la platea.

▶ Aprovecharemos las promociones del denominado día del espectador o día del descuento, instaurado por una gran cantidad de cines y teatros, para ver los estrenos que deseemos por un precio sensiblemente más barato que el resto.

▶ Una buena manera de obtener entradas más baratas para ir al teatro consiste en comprarlas en grandes cantidades. Si tenemos la capacidad de organizar un grupo, la mayoría de salas nos ofrecerán un importante descuento, mayor o menor en función de lo numeroso del grupo.

### CONVIENE SABER QUE...

Si lo que queremos es obtener entradas gratuitas, debemos prestar atención al dial de la radio. La mayoría de magazines y programas especializados en el mundo del espectáculo regalan localidades que forman parte de la promoción de la obra en cuestión y no siempre debemos concursar.

▸ A menudo las grandes cadenas de establecimientos de comida rápida ofrecen a sus clientes entradas gratuitas o importantes descuentos. Debemos aprovechar esta circunstancia e incluso estar atentos para acudir a dichos locales cuando hagan las promociones oportunas.

▸ Algunos recintos de entretenimiento efectúan un ligero descuento en sus entradas cuando se venden por Internet.

## VACACIONES: ¿UN OCIO CARO?

Una de las dudas que se plantean con mayor frecuencia antes de partir de viaje al extranjero consiste en saber cuál es el mejor modo de llevar el dinero para prevenir posibles pérdidas o robos, y evitar que las comisiones bancarias por el cambio de divisa engullan una parte del presupuesto. Desde estas páginas facilitamos una serie de consejos que pueden dar más rendimiento y seguridad al dinero que viaja con nosotros.

Una buena opción para llevar dinero con absoluta seguridad consiste en adquirir cheques de viaje. Entre sus características, hay que destacar que:

▸ Son unos documentos bancarios que se adquieren por la cantidad de dinero deseado, en la divisa que se desee y que no tienen caducidad.

### CONVIENE SABER QUE...

Ante viajes largos, tipo cruceros, la elección de un camarote interior puede resultar hasta el 50 por ciento más barato que si el habitáculo tiene vistas al mar.

▸ Tienen la ventaja de ser nominales y numerados, por lo que sólo puede utilizarlos la persona que los suscribe.

▸ Son fáciles de usar en casi todo el mundo.

▸ Están protegidos desde el instante en que se compran, por tanto no debemos preocuparnos por ellos.

▸ Se aceptan en la mayoría de hoteles, restaurantes y entidades financieras.

▸ Se recomienda canjearlos por moneda en bancos, ya que estos establecimientos ofrecen un mejor redondeo que en otros lugares de cambio.

▸ Si un usuario acude a una entidad financiera y ésta no le paga el cheque, tiene derecho a reclamar una indemnización del 25 por ciento del valor del documento.

## Dormir sí, pero no a cualquier precio

La búsqueda y la elección de un alojamiento adecuado durante los viajes es una tarea que, si se realiza de manera precipitada, puede resultar muy cara para el bolsillo del consumidor.

Sea cual sea la opción que se desee, a continuación detallamos algunas formas de rebajar los gastos por este concepto.

### CONVIENE SABER QUE...

La contratación de un viaje con antelación nos puede llegar a suponer la obtención de un descuento de entre un 7 y un 10 por ciento en función de la agencia con que contratemos.

▶ Si la idea es alquilar un apartamento, debemos tener en cuenta que al hacerlo en temporada baja podemos conseguir un precio hasta un 200 por ciento más barato que en temporada alta.

▶ Los pisos y apartamentos fuera de temporada no suelen alquilarse con facilidad, muchos propietarios ponen precios casi simbólicos con el fin de cubrir los gastos de agua, luz, gas, y que la vivienda tenga un mínimo mantenimiento.

▶ Si el alojamiento que deseamos es un hotel, podemos rebajar hasta un 60 por ciento el gasto de las pernoctaciones comprando talonarios de hotel. Existen diversos cheques de estas características que ofrecen cupones a un precio más barato que las noches individuales.

## Volando barato

Viajar en avión es la manera más rápida y segura de realizar nuestros desplazamientos, pero también la más cara. Y no siempre existe un medio de transporte alternativo para llegar a nuestro destino.

Para aquellos casos en los que embarcar en un avión es inevitable, facilitamos los siguientes consejos que permitirán ahorrar algo de dinero:

▶ Intentaremos no volar en épocas de temporada alta.

▶ Siempre que sea posible, compraremos billetes en vuelos chárter. Son más económicos que los denominados regulares.

▶ Si no tenemos más remedio que comprar un billete de vuelo regular, analizaremos qué agencia de viaje nos ofrece el mejor precio. Merece la pena saber que muchas agencias pueden incluso ofrecernos precios más baratos que los mayoristas.

‣ Para largos desplazamientos, optaremos por un vuelo con escalas. Son menos cómodos, pero más baratos que los directos.

‣ Aprovecharemos las ofertas de última hora, sobre todo las procedentes de vuelos chárter que no se han conseguido llenar. Se suelen anunciar en los aeropuertos y en Internet.

‣ Averiguaremos si el lugar de destino es un punto de escala hacia otra localidad; en este tipo de vuelos podemos obtener el billete ahorrando un 50 por ciento. Si en el lugar de destino hay más de un aeropuerto, intentaremos aterrizar en el más barato. La agencia nos asesorará sobre ello.

‣ Acudiremos con preferencia a las agencias de viajes que pertenecen a las compañías aéreas. Ofrecen rebajas interesantes.

## LOS VIAJES EN BARCO

Viajar en barco puede ser una alternativa económica para algunas personas que no pueden o no desean viajar en avión. Aunque las compañías de transporte marítimo, por norma general, no suelen practicar la política comercial de los descuentos y las ofertas, sí es posible encontrar algunas maneras de ahorrar dinero a la hora de comprar los billetes. Éstas son las formas más comunes de ahorrar en un barco:

‣ Las compañías de transporte marítimo suelen ofrecer descuentos de entre un 20 y un 25 por ciento sobre viajes en grupo. Los precios suelen variar según el número de integrantes.

‣ Comprar simultáneamente los pasajes de ida y vuelta suele premiarse con un 10 por ciento de descuento; ahora bien, debemos saber qué penalización tendremos por un cambio de última hora.

‣ Si se viaja con niños, en casi todas las compañías suelen hacer notables descuentos.

‣ Las familias numerosas pueden ahorrar entre un 20 y un 50 por ciento del importe de los pasajes contratados según la compañía marítima escogida. Cuantos más miembros de la familia, mayor será el descuento.

## LOS VIAJES ORGANIZADOS

Contratar un viaje a través de una agencia es una opción que garantiza comodidad y seguridad. Debido a que la mayoría de estos establecimientos especializados trabajan bien, intentando ajustar el precio a sus clientes, existen algunas maneras de ahorrar dinero si empleamos este sistema para desplazarnos.

‣ Contrataremos las vacaciones por intermedio de agencias virtuales de viajes que trabajan con un sistema denominado de subasta inversa: el consumidor propone un viaje y el precio que quiere desembolsar, y ellos se encargan de contactar con mayoristas y entidades especializadas. Cuando lo tienen cerrado por el precio pactado, se ponen en contacto con el interesado. Con este sistema se puede ahorrar hasta un 50 por ciento del importe del viaje.

‣ Si deseamos hacer un viaje a un país exótico, o con el objetivo de practicar una serie de actividades específicas, acudiremos siempre a una agencia especializada. Suelen obtener los desplazamientos por precios inferiores a los mayoristas.

‣ En los viajes organizados pediremos que nos entreguen el presupuesto del viaje de manera desglosada, así evitaremos sorpresas de última hora.

▸ En algunos conceptos, como los desplazamientos del aeropuerto al hotel, ahorraremos dinero si lo hacemos por nuestra cuenta con transporte público.

▸ No estará de más contratar una póliza de seguro de cancelación del viaje. Un imprevisto que suspenda las vacaciones puede hacernos perder todo (o parte) del importe pagado.

▸ Solicitaremos, siempre que sea posible, que la agencia intente buscar ofertas de última hora. Los mayoristas suelen tenerlas a menudo y suponen una importante fuente de ahorro.

## El transporte en grupo y el ahorro

Viajar en grupo por motivos familiares y sociales puede resultar caro si no se analizan las diferentes opciones que ofrece el mercado.

Escoger un medio de transporte determinado puede encarecer o abaratar en gran medida el presupuesto colectivo. Por este motivo, sirvan las siguientes posibilidades como una orientación para ahorrar una suma importante de dinero.

# Anexo

## OTRAS FUENTES DE AHORRO

No podemos finalizar este libro sin realizar una referencia expresa a otros sectores, quizá no tan cotidianos como los referidos en las páginas precedentes, pero no por ello menos importantes para conseguir que, como se dice vulgarmente, nuestro dinero dure más.

### AHORRANDO EN IMPUESTOS

Un ejemplo de lograr ahorrar lo vemos en los impuestos que pueden ser, al final del año, una forma interesante de mantener e incluso incrementar nuestras arcas, especialmente si evitamos tener que pagar de más. No estamos indicándole al lector que incumpla sus obligaciones, sino que ajuste algunos parámetros.

Dependiendo de las normativas fiscales de cada país, más o menos, en casi todos observamos que hay unos puntos comunes con respecto al ahorro fiscal. Veamos los más interesantes.

## 1. Las donaciones

Ser generoso con el prójimo puede tener una recompensa fiscal, ya que todas las donaciones que efectuemos a entidades sin ánimo de lucro permiten una deducción que puede llegar a ser hasta del 20 por ciento de la cantidad integrada. Un porcentaje que cuando hagamos la declaración de la renta repercutirá en desgravaciones y, por tanto, pueden influir en la cantidad total a pagar. Por tanto, no debemos olvidar incluir este apartado cada vez que efectuemos una donación.

## 2. Los planes de pensiones

Reducir una parte del importe que anualmente pagamos a Hacienda, o conseguir que la declaración nos salga con derecho a devolución, es una importante inyección económica para el bolsillo.

Si además, se consigue a través de un sistema que sea productivo para nuestro dinero, el ahorro se da por partida doble. ¿Cómo conseguir este idílico panorama? La respuesta es simple: suscribiendo un plan de pensiones.

El plan de pensiones es un sistema de ahorro, con grandes ventajas fiscales, que permite a aquellos que los suscriben disponer de las aportaciones realizadas (más los intereses correspondientes), en forma de capital, en forma de renta, o mediante una combinación de capital y renta. Los planes de pensiones pueden suscribirlos aquellas personas que deseen un complemento para su futura prestación por jubilación de la Seguridad Social y que, además, quieran desgravar anualmente a la hora de hacer la declaración de la renta.

El dinero invertido en un plan de jubilación se recupera, aunque también las leyes pueden cambiar en el futuro en los casos de:

▶ Jubilación o situación asimilable.

▶ Invalidez Permanente Total para la profesión habitual.

▶ Invalidez Permanente Absoluta para cualquier trabajo, del partícipe o del beneficiario.

Las malas lenguas afirman que dentro de unos años los estados no pagarán las pensiones de sus jubilados. Quizá no debemos llegar a tal exageración, pero sí que debemos empezar a pensar que tal vez las pensiones no serán tal como las conocemos en la actualidad.

Suscribir un plan de pensiones garantiza un complemento de la jubilación, pero debemos saber también que no sólo desgravan las aportaciones periódicas, sino también las únicas. Lo ideal, si disponemos de una pequeña cantidad, es no sólo obligarnos a ahorrarla aportándola en un plan de pensiones, sino también hacerlo con vistas y cálculos.

De esta manera, si disponemos de una cantidad interesante, consultaremos con nuestro gestor o asesor financiero cuál es la cantidad máxima que podemos invertir para posteriormente lograr una interesante desgravación.

## 3. La vivienda

La compra de un piso o vivienda, siempre que sea destinado a primera vivienda, también supone una interesante posibilidad de ahorro y desgravación.

De la misma forma, recordemos que todo aquello que pagamos de mensualidad de hipoteca desgrava, pero que también lo hacen las aportaciones extraordinarias destinadas a la amortización de capital.

Una modalidad que también resulta muy interesante, cuando todavía no se tiene vivienda, es abrir una cuenta para tal fin. Sin lugar a dudas, si estamos pensando en comprar una vivienda en propiedad, debemos saber que, disponiendo de una cuenta vivienda, en la que se depositan los ahorros para tal efecto, conseguirás interesantes deducciones del dinero depositado, aunque por el momento no hayamos comprado piso o casa alguna.

La deducción por inversión en la vivienda habitual es la desgravación más importante en la declaración del IRPF. Por este motivo, dedicamos un espacio propio a este método de ahorro en potencia. Ahora bien, debemos tener presente estos aspectos:

▸ Se considera vivienda habitual a la edificación que sea residencia del contribuyente durante un plazo continuado mínimo de tres años (las segundas residencias no están incluidas).

▸ A efectos fiscales, y a la hora de desgravar, la construcción, ampliación o restauración de una vivienda se equipara a la compra.

▸ No se consideran inversiones a desgravar los gastos de conservación, reparación, ni la compra de plazas de garaje.

## AHORRO EN LOS BANCOS

Cada año, las entidades bancarias cobran grandes beneficios y buena parte de ellos surgen en concepto de las comisiones. Todos nosotros contribuimos a este gran beneficio de la banca.

Sea como fuere, en el mundo de las comisiones bancarias hay mucho que ahorrar si contamos las operaciones que llegamos a realizar anualmente. Las cuantías por comisión varían según la entidad financiera con la que tengamos contratados nuestros servicios. Nada mejor que consultar directamente con ella cuantas dudas tengamos, así la próxima vez que vayamos al banco o al cajero automático no nos pillarán desprevenidos.

▸ Los gastos de mantenimiento de una cuenta de ahorro normal. En ocasiones se cobra, además del mantenimiento mensual, por el número de apuntes que tiene la libreta.

▸ Los números rojos pueden llegar a ser equivalentes a los créditos y las comisiones resultar exageradas. A veces se producen errores por nuestra parte, que creyendo tener dinero en una cuenta la usamos sin pensar y resulta que nos quedamos en números rojos. En cambio teníamos fondos suficientes pero en otra cuenta. En estos casos debemos hablar con el banco para comentar el error y evitar así la comisión.

▸ Debemos prestar atención a las cuentas inactivas, ya que al cabo de tres años en algunas entidades bancarias pueden llegar a cobrar una cantidad anual en concepto de comisión de mantenimiento, pese a que no hayamos utilizado la cuenta.

▸ Antes de contratar una tarjeta de crédito normal o una de débito debemos saber de forma anticipada cuánto nos cobrará la entidad financiera. Desde luego no aceptaremos que nos la endosen como un servicio sin saber cuánto nos va a costar de verdad.

▶ Retirar dinero de un cajero que no pertenece a nuestra entidad, o a su red, suele ir acompañado de una comisión calculada sobre el importe retirado.

▶ Las transferencias bancarias de una entidad a otra, al margen de la tardanza en días, se acompañan de un recargo calculado sobre la cantidad transferida. En lo posible haremos las transferencias en ventanilla de una a otra entidad.

▶ Todos los préstamos, tanto hipotecarios, como personales, etcétera., tienen una comisión de carga que debemos negociar con la entidad antes de firmar.

▶ Solicitar un talón bancario implica el pago de una comisión sobre el importe del talón.

## AHORRO CON LOS SEGUROS

Algunas personas previsoras suscriben un seguro de vida para proteger con un capital a sus familiares cuando se produzca su fallecimiento. Los precios de estas pólizas dependen de dos factores: capital asegurado y edad del suscriptor. Por tanto, resulta imposible informar de modo directo sobre cuál es el seguro de vida más económico. Sin embargo, sí podemos anotar unos conceptos para que el hecho de ser titular de un seguro de vida suponga un ahorro.

1. Es aconsejable pagar las primas anualmente. Los pagos aplazados a meses o trimestres son más caros porque llevan implícito un recargo.

2. Para ahorrar impuestos, el que contrata el seguro, el asegurado y el tomador han de ser la misma persona.

**3.** Debemos ser sinceros a la hora de rellenar el cuestionario de salud que solicita la compañía. Si se descubre algún dato falso, la compañía puede negarse a pagar.

**4.** Algunas pólizas son más económicas si el interesado se somete a un reconocimiento médico en un establecimiento concertado con la compañía de seguros.

**5.** Debemos designar quiénes son los beneficiarios de la póliza, especificando nombre y apellidos. De este modo, en caso de fallecimiento, no habrá que esperar a la declaración de herederos.

**6.** En ocasiones, cuando es necesario aumentar el capital asegurado de la póliza, es aconsejable suscribir otra adicional, en lugar de ampliar la ya existente.

**7.** Debemos tener presente que, en caso de fallecimiento, tan sólo tenemos unos días para comunicarlo a la compañía, la cantidad de éstos puede variar según la empresa con la que hemos contratado el seguro. Debemos obtener dicha información en la póliza o contactando directamente con la compañía, ya que una demora podría hacer perder los derechos.

El caso de los seguros del hogar no es menos interesante para poder conseguir unos ahorros interesantes al cabo del año. Todos deseamos que nuestro hogar esté protegido contra incidentes fortuitos e inesperados que puedan hacernos perder aquello que es nuestro y que tantos esfuerzos nos ha costado conseguir.

Para este tipo de protección existen los seguros del hogar, unas pólizas que responden de la reposición y reparación de aquellas cosas que podamos perder, a cambio de una cuota mensual. Y, aunque no son del todo caras —si tenemos presente las prestaciones que ofrecen—, sí es posible ahorrar algún dinero al suscribirlas siguiendo los pasos que se detallan a continuación:

1. Ajustaremos la póliza al presupuesto. Primero analizaremos y cubriremos los riesgos imprescindibles.

2. En la medida de lo posible, no recurriremos al fraccionamiento del pago de la póliza. Un pago anual siempre supone un ahorro de recargos.

3. Debemos acostumbrarnos a consultar en Internet los seguros on-line. Ofrecen precios ventajosos con respecto a los tradicionales.

4. Cuando llegue el momento de renovar la póliza, leeremos atentamente el contrato por si nos escatiman bonificaciones por no siniestralidad o por si la compañía ha añadido algún tipo de recargo injustificado.

Al margen de los seguros ya mencionados, debemos tener presente también la existencia de los denominados Multirriesgo Hogar. Se trata de una propuesta que, con un único contrato, cubre todos los riesgos básicos de una vivienda. Sin embargo, a la hora de contratarlos, merece la pena asesorarse y no optar, de entrada, por la más económica, ya que las condiciones de cada póliza pueden variar en función del precio que se paga.

De entrada, antes de la contratación, debemos examinar las coberturas y sus límites si los hubiera, franquicias, cláusulas y exclusiones. A la hora de valorar los bienes lo haremos de forma juiciosa, sin excederse ni quedarse corto.

Para saber cuánto importe asegura el continente de la vivienda (paredes, ventanas, puertas al exterior), consultaremos a un asesor o incluso al mismo banco antes de aceptar el valor convencional que nos otorgará la compañía de seguros. Podemos encontrarnos con una excesiva valoración que encarezca la póliza. En cuanto al contenido, comprobaremos si aseguran los objetos por su valor actual, o por el del año de su compra. Tendremos en cuenta que los electrodomésticos pierden valor por el tiempo de uso.